B

USINESS
AS WAR

U0660302

［美］肯尼斯·阿拉德（Ken Allard）著

张玮 李雪 李大海 译

不战则亡

首席执行官的战争备忘录

中国社会科学出版社

图书在版编目（CIP）数据

不战则亡：首席执行官的战争备忘录 ［美］肯尼斯·阿拉德著
张玮、李雪、李大海译.
－北京：中国社会科学出版社，2007.6
书名原文：Business As War

ISBN 978 - 7 - 5004 - 5530 - 1

Ⅰ. 不…　Ⅱ. ①肯… ②张… ③李… ④李…　Ⅲ. 军事思想 -
应用 - 企业管理 - 通俗读物　Ⅳ. F270 - 49

中国版本图书馆 CIP 数据核字（2006）第 155177 号

Original English Language edition Copyright © 2005 by Ken Allard.
Authorized translation from the English Language edition published by John
Wiley & Sons, Inc.
Simplified Chinese edition Copyright © 2007 by China Social Sciences Press.
All rights reserved.

中国社会科学出版社享有本书中国大陆地区简体版专有权，该权利受法律保护。
版权贸易合同登记号　图字：01 - 2005 - 2860

特邀编辑　骆　珊
责任编辑　路卫军
责任校对　郭　娟
责任印制　戴　宽
封面设计　李尘工作室

出版发行　中国社会科学出版社
社　　址　北京鼓楼西大街甲 158 号　　　　邮　编　100720
电　　话　010 - 84029453　　　　　　　　传　真　010 - 84017153
网　　址　http：//www. csspw. cn
排　　版　北京中文天地文化艺术有限公司
经　　销　新华书店
印　　刷　华审印刷厂　　　　　　　　　　装　订　广增装订厂
版　　次　2007 年 6 月第 1 版　　　　　　印　次　2007 年 6 月第 1 次印刷
开　　本　700×1092 毫米　1/16
印　　张　14.25
字　　数　226 千字
定　　价　28.00 元

凡购买中国社会科学出版社图书，如有质量问题请与本社发行部联系调换。
版权所有　侵权必究
编辑部联系电话：010 - 64059527

名 家 评 论

从 1956 年开始，我在海军军官学校（Navy Officer Candidate School）服役三年；而现在，我又有了长达 44 年的投资经验。对肯尼斯·阿拉德把军事思想和商业活动结合起来的思路，我十分赞赏。他用诙谐而率直的语言带给我们非常有用的信息，大部分人都会引为典范。

——李·科普
科普投资顾问公司董事长兼首席执行官

《不战则亡》对那些瞬息万变的技术密集型行业的经理们尤其重要。在这些行业中，能够脱颖而出的总是那些能够以策略制胜，把力气用在刀刃上的企业。阿拉德解释说，当代的美军正具有这样的优势，他们的成功源自将战略策略与组织行为紧密结合起来。军队已经学会如何审视自己的实力，为自己储备人才并有效利用，根据实际情况制定战略计划，提升各个兵种和单位协同作战的能力。经理们都知道，这些"软科学"才是决定性的，而"硬科学"则要好控制得多。《不战则亡》向我们展示了这一切。

——汤姆·艾森曼
哈佛商学院助理教授

　　肯尼斯·阿拉德上校是军队中将信息作为战争的有力武器的先行者之一。他的电视观众们早已经不能离开他对国际冲突的敏锐和一针见血的分析。在《不战则亡》一书中，他融入很多新的观点，包括以价值为中心的领导艺术以及对信息的掠夺性使用。这些观点给整个美国带来一个强有力的信号，那就是：如果全球化以及日益激烈的竞争正在对你的业务造成影响，那么仔细地研读这本打破传统的新书将成为你的必修课。

——美国海军退休上将威廉·欧文斯

致　谢

　　对我来说，致谢写得最有意思的一次是在1992年末，当时我接受国会委托协助指导一个有关国家采购法案的调查。那是一个浩大的工程，持续了两年时间，调查内容涵盖了差不多600条独立法令，最后做出的报告有1800多页。我最主要的工作就是编辑那些报告。当时主要的问题是，顾问团以及我们自己的工作人员中的任何人都有更改报告的自由。我将报告送去打印之前所做的最后一件事是把报告的介绍部分再仔细检查一遍，由于这一部分的大多数内容都是我自己写的，所以我预计不会有太大问题存在。幸好我进行了检查，尽管大部分的措辞还是当初我写下的那样，但是标题却发生了很大的变化。其中一些未透露姓名的狂热分子，竟然根据军事意义而非语法，将"序言"（Foreword）改为"向前"（Forward）。谁也不承认自己做了这样的修改，而且他们也极力劝说我保持那样的用法——但是，唉，习惯总是要遵守的啊！

　　为了避免出现类似情况在本书中出现，我的编辑，约翰·威利父子公司的帕梅拉·范·吉森做了大量的工作，她不仅善于纠正各种语法错误和无意间造成的政治立场错误，而且对于工作也十分耐心，因此赢得了人们的信任。她做了一个编辑应该做的一切，并使我变得更加精于写作——就算是你，我亲爱的读者，最终也必然能够感觉到她做得有多棒。我的代理人林恩·约翰森也同样很有耐心，还指导我学习了出版界一些约定俗成的规则，可说是我的良师益友。她不仅给我鼓励、与我交心，还是我进入商业文学世界的向导。

1

还有弗洛伦斯·斯通女士，作为一个深刻了解商业科学和商业文学的专家，她为我提供的不仅仅是专业知识，更重要的是鼓励。本书中的种种轻率行为都绝不能加罪于她。我在乔治敦大学的两个研究生——迈克·林奇和皮特·司寇——在商业情报和企业安全这两章的写作中给了我很大的帮助，再次感谢他们。

如果没有 MSNBC 的同事迈克·田中和马克·埃弗恩的理解和灵活处理，我根本就不可能有充足的时间去完成这本书。在本书的写作过程中，他们默许我将大部分广播工作转移到华盛顿去完成，而不是留在新泽西州的西卡柯市。杰里米·盖恩斯，MSNBC 产品部的职员，同样为本书的出版提供了巨大的帮助；还有我的军事分析家同行，已退休的海军中将爱尔兰人伯纳德·西恩那，他是对第一次伊拉克战争有着独到见解的著名作家，在本书中慷慨地与我分享了他对第二次伊拉克战争的看法。另外还有很多 CNBC 的同事——罗恩·伊撒纳、克里斯·怀特康布，以及艾伦·默里——他们慷慨地给予我支持与鼓励。

美国陆军将军约翰·基利，作为陆军第 29 军的副总司令，他在 2004 年结束了自己辉煌的军旅生涯。约翰也给了我巨大的支持，并提供了很多建议。特别是在安排陆军顶级战斗指挥官进行采访的这件事情上，他给予了强有力的帮助，找到的几个指挥官有的甚至还在战区服役。前陆军准将、我的朋友埃文·伽迪斯，现在是一个著名的协会管理人员，他为我的手稿提出了宝贵的意见和建议。

许多首席执行官都应受到尊敬——当然不可能没有一丁点儿的责备——他们各自向我展示了自己的领导层所面临的挑战。在第一章将要提到的李·科普，是科普投资公司的总裁，他很早就提出了企业责任回归的要求，勇气可嘉。汤姆·皮特里——皮特里—帕克曼公司的首席执行官，是能源问题和企业领导方面的专家，他慷慨地为我提供了有关方面的资料。大卫·拉斯可夫——智库公司的首席执行官，让我全面地了解了智库，并得到本书关于这一领域的大量宝贵材料。海军上将比尔·欧文斯，在服役的时候就是军事改革的倡导者和先行者，其后又在公司领导人的位置上干得有声有色。无论是在商业活动方面还是在战争指挥方面，他都教给我很多宝贵的东西。真诚地感谢以上提到的几位绅士。

感谢《CIO》杂志社的出版人员，他们允许我将2003年9月刊中我自己发表的文章的摘要放入本书，这些内容将出现在第七章。

不过最应该强烈感谢的也许是我美丽的妻子黛比，我从她那里所得到的不仅仅是灵感，而可以说是无法尽数。最值得一提的是，在本书的写作过程中，我得了重病，黛比对我细心地加以照顾，让我振作起来，不过又在一切都恢复正常的时候和我吵架了。（关于这些将会有更多的文字出现在我们的另一本书中——我保证！）但现在我要说：没有她就不会有这本书，也不会有现在的我。所以我要感谢黛比，用电影《美丽心灵》末尾的一句话说，就是："你是我的一切。"

这倒让我想起了我最喜爱的故事——帕梅拉、林恩和黛比一致认为，这个故事无论如何都不能放入本书。由于它看起来并没有和书中任何一章有特别的关联，我不得不妥协。不过现在可以说一说了：

一个神父坐在忏悔室中，外面的忏悔者开始忏悔。

忏悔者："为我祈祷吧，神父，我做了坏事。"

神父："做了什么坏事啊，我的孩子？"

忏悔者："神父啊，我今年90岁，昨晚却和一个貌美如花的20岁姑娘做爱了。"

神父："你最后一次忏悔是多久以前的事情？"

忏悔者："我从来不忏悔。我根本就不是天主教徒。"

神父："那你为什么要来告诉我这些？"

忏悔者："因为我要告诉所有人！"

我也想把自己的想法告诉所有人。所以，请读下去，尽情享受阅读的乐趣吧！

肯尼斯·阿拉德上校

维吉尼亚州麦克林，2003年9月

内 容 简 介

　　如今的商业竞争环境是如此糟糕——从恐怖主义威胁到黑色交易横行，从竞争全球化到信息爆炸——人们更像是处身沙场，投身于战争之中而非进行商业活动。因此，就算是使用最超群的商业策略也似乎并不能够在复杂多变的形势中保持不败。在你的市场计划和定位之上，似乎还需要夜视仪和精确制导武器的帮助。

　　要想在这样的商业环境中生存下来，（也许你还想生意更兴隆一些！）你必须了解商海搏击的艺术。比起前美国国防大学国家战争学院（National War College）院长兼 MSNBC 网站①军事评论员肯尼斯·阿拉德来，谁还能把你训练得更好呢？不管你认识到与否，军事训练确实为商业人士提供了许多经验教训。

　　要想在现今混乱的商业环境中取得成功，标准的商业运作流程已经是明日黄花，作用日益减弱。公司和管理层若希望在全球冲突和竞争中取得不俗业绩，那就必须学习新技能，抛弃旧习惯。本书将美国军方的战略战术与普通公司面对开放的商业市场时该如何应对挑战相比较，其眼光具有敏锐而深刻的洞察力。通过阿拉德多年的军戎生涯和从商经历中获得的第一手材料，以及日常商业活动中透出的军事观点，他清楚地说明了军事课程——在运用得当的前提下——将使得一个商人走上成功之路。

---

　　①　该网站由通用电气和微软合资成立，是美国最大的新闻网站之一。——译者注

1

　　书中首先介绍军队传统的领导和决策艺术。你会发现，领导层是一个公司生存和发展的关键，它能将一个组织的各个层级糅合为一个整体。你还将明白怎样形成一致连贯的决策才能更容易地决定行动方案。以此为根基，本书继而论述了领导艺术，通常所说的"将相之才"即是精通这种艺术的人；该书还阐述了如何逐步开展领导行为，以进行成功的商业运作。

　　本书还探讨了已被证明的，那些业已形成可靠商业实践基础的技巧。你将得到包括多种重要议题的管理课程，其中包括：

- 如何将普通信息转化为有用的商业信息；
- 为现代企业建立安全措施，包括员工、计算机和信息资料的安全；
- 改善信息共享过程；
- 对企业内部结构进行调整，增强战斗力；
- 如何在全球保持影响力和有效运作，在如今的世界中没有名气总是一个不利因素；
- 让公司的董事会更加尽职尽责。

　　许多适用于战争的原则也适用于商业，而且经济活动中某些残酷的时刻，想要生存就要参战。《不战则亡》一书利用战争中的有效工具，帮助你的公司在新竞争者层出不穷和艰巨挑战不断涌现的商业环境中应对威胁。

　　肯尼斯·阿拉德，曾为美军上校，是关于国际安全问题、战略和军事问题的知名评论员，时常在 NBC 新闻、MSNBC、CNBC 和名叫"早安，伊穆斯"的广播节目上出现。上校身上有一种权威人士散发出的明星般的吸引力，是一个很专业的评论家，因此在全美范围内他有大量的对商业感兴趣的听众。

　　阿拉德上校曾经在海外服役，做过情报官员，在波斯尼亚（Bosnia）①领导过维和任务，并在五角大楼的历史中扮演了两项重要改革的推动者角

---

① 波斯尼亚，南斯拉夫中西部一个地区。——译者注

色：协助起草改变军队运作方式的划时代法案——《戈德华特—尼科尔斯法案》[①]；指导了 1994 年《联邦信息采集流程简化法案》。(Federal Acquisition Streamlining Act，简称为 FASA) 的研究。他是大学的客座教授，拥有塔夫茨大学弗来彻法律外交学院的博士学位和哈佛大学的公共管理硕士学位，此外他还是国家战争学院 1993—1994 年度院长。

[①] 《戈德华特—尼科尔斯法案》，美国国会在 1986 年由参议员戈德华特和参议员尼科尔斯共同提出的法案，为美军的联合作战奠定了相当重要的基础。——译者注

目 录
CONTENTS

1 导　读

可以明确地告诉读者：在这本书里我们打算讨论一些危险、刺激而又引人注目的事情，比如，把砖头扔到 CEO 办公室、董事会会议室或是成天追着你讨要校友捐赠金的商学院教授俱乐部的厚玻璃窗上。我想要说的是，如今的商业竞争环境对公司的领导者们来说实在是太混乱、太糟糕了，把它看成战场似乎更恰当一些。要应付这样的局面，或者说在这样的环境中生存下来，你必须理解有关战争的秘诀，这些秘诀在专门的商业教育中不太可能学到，它们也不包含在那些你乐于写入简历的能力中。所以，现在请系紧你的安全带，汽车即将开始狂奔啦——带你进入一个有趣的世界。在这之前请将其他商业书籍扔回书架，那才是它们应该待的地方，原因不仅仅是它们没有给出正确的答案，也许作者们连正确的问题是什么都还没弄清楚呢。

也许你早已经认识到了这一点，因为经济学家们热衷于研究孤立的问题，他们会在自己的书中用上华丽的标题，暗示读者研究已经有所突破。更有甚者，有人提出了一个荒谬的观点，他们认为制定战略并不比在公司来年计划中提出一套"宏伟、艰难而大胆的远景目标"困难。（事实上那要困难得多——我保证。）如果你对另外一些别出心裁的思想感兴趣，又常常为作者糟糕的文笔所累，那么你应该阅读本书。当然，有时你也会注意到，面对多变的环境，上面那些所谓的方法根本无益于解决问题，反而会让你变得更加不知所措，它们本质上就是一些响亮的口号，却被伪装成能够解决商界重大问题的新思路。

稍微用点脑子就能得到一个结论，那就是他们将一件事与另一件事联系在一起的能力实在让人不敢恭维。我们现在就来尝试将关键的几点联系起来看一下，你身处的竞争领域是否符合以下特点：

- 你是否认为，为防范恐怖主义而提升安全等级并没有使情况得到改善？

- 你是否有这种不安的感觉：从恐怖主义到电力大瘫痪，无论从哪一方面看，商务安全对于企业领导人来说都不再是理所当然的了？

- 忘掉不安：你是否有一种强烈的顾虑，害怕电脑黑客、电话盗打者以及另外一些计算机狂人把你拉进完全陌生的游戏中，使你的电子财产安全失去保障？

- 你是否赞同下面这种说法：我们从来没有与如此庞杂的数据打过交道，也从没有像现在这样焦头烂额过？

- 你是否曾经试图制定或是执行一个商业策略，结果却是：（1）失败；（2）取得部分成功，但是却把事情搞得更糟。

如果对上述问题的回答至少有一个为"是"，那么欢迎你进入《不战则亡》的奇妙世界！如果不是，那么请赶快将本书转送给你周围的人，特别是那些来自安然（Anron）、世界通信（WorldCom）、泰科公司（Tyco）或是众多华尔街投资公司的朋友，显然他们收到这个消息的时间太晚了。

就算你还能接受新商业环境比较有挑战性这个事实，你也不可能接受它变得像战场而不像商场的论断。我也是在西点军校讲了多年的课以后，才第一次把两者联系到一起，或者说从这样的角度来解释问题。当时我管理着一个专题基金，那是由许多富有的校友捐赠而建立起来的，为了表示感谢，我们邀请了捐赠者回学校与学生交流。其中一位捐赠者在毕业之后不久就服完了兵役，随后在得克萨斯州的大油田发了一笔横财——在那个年代那里简直遍地是黄金。

他穿着华丽的阿曼尼套装和牛仔靴来到学校。看着学员们，他坚信这些孩子们能进西点学习是很幸运的。尤其是在教授们的精心教导下，他们能够学到很多的东西，无论是待在军队还是回到社会，都能让他们受用无穷。（作为一个石油大亨，他显然很懂得怎样煽动听众。）"当然，"他懒洋洋地说，"我也希望教授们能够教一些我离开西点后才学到的东西，也就是说，西点军校也应该开一些经济课程"。用经济学的极端形式来考虑军事问题并不算太坏的想法，不过我也是多年以后才认识到，我们过去在战争中总结出来的方法和技巧，也都可以借鉴到商界中来。

其中的一点就是战略，在我的整个军旅生涯中，或多或少总要考虑战略的问题。但对我而言，现在尤其关心战略的结果问题。是的，我们赢得了"冷战"和"沙漠风暴"的胜利。可是现在我们遇到的问题是一些全新的问题，要处理的是从未遇到过的新国际问题。我曾经就其中的一个问题写了一本书，主要讨论我们在索马里的行动。几年之后我发现自己又遇到一个相似的环境，这次是在波斯尼亚。在那里我学到的东西很多，不过最值得一提的事情发生在我到萨拉热窝的第一天，那让我对"战乱"这个常常被忽略的表达有了全新的认识。当时我全副武装，在全城最危险的地带执行公务，忽然感觉有人触摸我右肩上缝制的美国军旗。我十分惊奇地看见一个波斯尼亚老人，他又再次站了起来，碰碰我的军旗，简短地说了声："谢谢。"从那时开始，我对维和任务的热情便从未有所降低，同时也开始认识到军事的人文价值。在波斯尼亚，尤其是看见瘦弱而痛苦的孩子，以及十室九空、遍地坟茔的荒凉景象时，我更多的是心灵的震撼。相对地，在索马里学到的是可能更宜于在此讨论的经验教训，那就是"贪多毋得"。战略问题实际上就是找平衡的问题，有时候那是很困难的。例如，要在两个同样令人不太愉快的选项之间做出选择；被迫调整自己的行动，使你与自己的初衷相背，或是与最终目标不符。

不战则亡

首席执行官的战争备忘录

　　当我还是军人的时候，我就常常考虑这些问题，等到 1997 年退役，我才真正有时间到商界实现自己的想法。我曾经涉足于商业情报、战略制定、企业安全、防护工程等领域，并为他人提供咨询服务。不过当时我并没有认识到自己的盲目。直到退役后用了五年的时间当"学费"，我才明白这个道理。就好像努力争取然后丢掉了一个订单；得到一个订单后又希望自己没得到过；被卑鄙的老板扣发薪水，然后懂得节衣缩食一样。教训有时是令人痛苦的，但总是对人有帮助的。

　　作为自己咨询公司的法人代表和惟一员工，在公司刚起步的时候我考虑用战略营销的手段切入市场，自己不时在电视上露面倒是可以帮助我博得顾客们的信任。依靠有关索马里的著作，我有幸成为 PBS（美国公共广播公司）的技术顾问，为大受欢迎的特别节目"摩加迪沙伏击"提供技术指导。我也常常应邀为 Fox（美国 Fox 电视台），CNN 以及 MSNBC 做解说。你付出多少汗水，通常都会得到相应的回报，MSNBC 逐渐成为我的第二个家。无论曾经在那儿待过的，还是现在仍然留守的，所有 MSNBC 的员工都很不错，那时候 MSNBC 也处于发展初期，一切都在摸索之中。在这里，我有幸与许多才华横溢的作家共事，包括布莱恩·威廉姆斯（不久后他成为汤姆·布罗考指定的 NBC 继承人），索里达德·奥布林（她后来去了 NBC 新闻频道，然后又转去了 CNN），以及约翰·吉布森。（同许多 MSNBC 的前同事一样，现在已成为 Fox 新闻频道的闪耀之星和业务中坚。）他们都易于相处、富有耐心，让我学会了很多东西。

　　科索沃战争刚开始时，MSNBC 做了一个特殊的安排，让我随时待命，无论何时只要新闻需要，我都能够在室内录制现场出现。这种情况常常发生，即使是在科索沃战争结束之后，仍然有很多热点问题需要这样处理，比如，在伊拉克问题上的纠缠不清，恐怖主义的盛行，政府对美国大使馆和寇尔号①遇袭的平淡反应，中东局势动荡，以及"千年虫"的应对问题，等等。非常糟糕的是，每次向录制现场飞奔的途中，若是碰巧遇到

---

　　①　美国 USS Cole 军舰，2000 年 10 月在南也门被炸。——译者注

4

NBC 的总编提姆·拉希德，他总会往后一退，然后用夸张的语气揶揄道："真巧啊，如果你在这儿，那肯定有哪儿发生大事了。"是的，在 2001 年 9 月 11 日，大事真的发生了。

仅仅在灾难发生的几个星期之前，我还参加了 MSNBC 的一个特别节目，当时我们就精确预见到，此类的攻击会以双塔的毁灭而告终。不过当事情真的发生时，处理起来仍然十分棘手。在这种时刻，理智已经被情感所困，大家都不知所措了。我当时所想的是，当恐怖分子倾巢而出，大肆作恶时，身为一个退休的老兵真是太难受了。了解到还有很多年老的军官活跃在第一线时，我也很想重新穿上军装。但是那时的航空公司一片混乱，不仅如此，我的未婚妻（现在是我的妻子了）还来到了我的身边。她叫黛比（Debby），是一个美丽、聪明而且十分坚强的女人，在伦敦当律师的时候，她经历了爱尔兰共和军的轰炸战。黛比在这个时候来到我身边，给了我一些很好的建议："你瞧，美国人民以前从未经历过这样的灾难，现在，轮到其他国家来战斗了。他们已经行动起来，该做的都有人在准备着，你应该控制好自己的感情，在电视上清楚地告诉观众们，现在是考验勇气的关键时刻，别老想着《最伟大的一代》① 中那句'这一刻属于我们'了。同时再告诉你的观众，我们拥有一支强大的军队，这是毋庸置疑的，最终一切都会好的。"

真是非常妙的建议，但是做起来实在太困难了，当双塔轰然倒塌的时候，新闻报道已经将那里和五角大楼的惨烈画面展现在民众面前。要让我控制好自己也非常困难——事实上在那样糟糕的日子中，大部分时间我都在徒劳地想要理清头绪。我只爆发过一次，那时汤姆·布罗考问我："我们要过多久才能让那些恐怖分子接受正义的审判？"这真是一个敏感透顶的问题，提问的又是我的顶头上司。我对这个问题已经非常反感了，在上届克林顿政府执政的整个阶段，该问题就不断被提及，美国的大使馆和军舰不断遭到袭击，这不仅是犯罪，更是向美国宣战的军事行为，但是这样的问题并没有引出任何惩戒措施，的确让人纳闷。所以我的反应比起客观

---

① 《最伟大的一代》，被学术界誉为记载美国战后一代成长过程的经典之作。——译者注

的分析家似乎要激烈了一些："汤姆，我们根本就不必让他们接受审判，应该直接让他们下地狱。"

在接下来的一段时间中，我们在镜头前开始了马拉松式的工作。电视观众们由于突发事件而变得精力充沛，他们渴望全面了解自己的军队，所有人都明白，一场新的战争即将来临，对这场不同于以往的战争，军队的能力能否应付？也许最终迎来的是胜利和荣耀——这是人们常常挂在嘴边的——也成为唐·伊穆斯的节目中常常谈到的一个话题，节目同时在MSNBC电台和广播频道中播放，传播范围超过两千万听众。多年以来我一直是伊穆斯的忠实听众，现在这位最坚强的主持人要求我做点该做的事——每天早晨6:30出现在他的节目中，这让我有点受宠若惊。我们的第一次谈话就谈到了即将到来的阿富汗战争。这让我想起了马基雅维利，他曾经这样描述法国："法国能够被占领，但不能被征服。"这真是一个贴切的比喻——从各方面来看都是这样。

"9·11"事件的重大意义在于，我们还需要一段时间才能理解已经发生的变化，即社会学家们所说的"思维变迁"（paradigm shift），这是人类社会中的重大事件所产生的一种波动，会对大众的身心造成持久影响。这个概念同样适用于个人。现在我不仅要花大部分时间在电视台和居住地来回奔波，而且有越来越多的机会发表商业演说。"9·11"事件发生之前我也做过很多演讲，但多数演讲都发表在学术会议或是国家智囊团主办的协商会议上。他们支付的报酬通常都不太高，往往需要反复协商才能达成一致。不过在"9·11"事件以后，邀请我发表演讲的人都乐于出高价了。这些演讲所用的材料基本上都是相同的，而且演讲内容与以前免费发表的演说有很多地方相同，如今只是做成新的幻灯片，格局上布置得好了一些。演讲内容全都放在"商战"这个总标题下进行组织，通常包括三个话题：海外战争、国内战争，以及时局变革对商界听众的现实利益所带来的影响。

转眼之间听众越来越多，包括房地产商、保险商、金融家、建筑商，甚至还有制药商。我在演讲中提到的很多东西都源于26年的军戎生涯以及近来担任商业顾问的经历，尤其是在企业安全和商业情报等方面的工作体会。我从事商业顾问的早期经历证明了这个商业公理的有效性：如果权力离你太远，那你就别指望能飞黄腾达了。

我对商界领导者们的培训内容之一，是让他们理解新的游戏规则和规律，并利用这些规则去进行有效的人力和财力投资。有一个让我记忆犹新的例子，那是一个位列《财富》100 强的电信公司。在该公司的芝加哥总部，屋外正热火朝天地搞着消防训练，而在低于零度的屋子中我正为公司高级副总裁出谋划策。那是我最为出色的论述之一：早在 19 世纪，芝加哥就已经掌握了防火的艰深技术；在 21 世纪，对商业情报进行投资才是明智的，那样可以避免竞争灾难的发生；但我们也应该冷静一些，不要为竞争而盲目压低自己的价格。

然而，听众的反应在某种程度上反映出，商业领导者在恐怖袭击发生之后已经逐步了解这些规律。渐渐地我开始把"商战"的主题和人们对 CEO 的领导技巧要跟上时代发展的要求结合起来，本质上来说就是要看这些新规则能否成为美国商业界的标准。而正是在这一点上，美利坚经历了第二场大灾难，那就是安然公司的倒闭以及随之而来的美国企业管理界丑闻风波，在整个 2003 年这个阴影都挥之不去。MSNBC 安排我的密友里克·桑切斯前往休斯敦采访安然过去的员工，把反恐战争与安然悲剧性的人力损失放到一起报道，这下公司的灾难也变成了个人的灾难。里克的采访十分引人注目，在这些安然前员工中，有相当一部分人还在家待业，并已经花掉了他们大部分的积蓄——这些积蓄本来是用来应付意外事件的，不过现在的意外实在是太大了。现实十分残酷，以至于员工们都期盼着公司以前的官员和律师能够成功渡过审判的难关。他们的生命还在，但是生计已经没有办法保证了。

不管多大的事情，其影响如何广泛，媒体的关注都不可能长期保持下去，转移到其他地方是不可避免的。但安然事件是一系列企业丑闻的序曲，展示了企业种种道德败坏的行为：内部交易；采用受到质疑甚至完全虚假的会计标准；管理层对公司资源进行系统性掠夺，却把一切归罪于员工福利。这些问题已经十分普遍。我曾到明尼阿波利斯去参加由李·科普组织的一个投资会议，他是一个全国一流的投资公司的总裁。我作为非百万富翁的少数出席者之一，怀着崇敬的心情默默倾听李为他的客户们做可信度极高的预测。在不景气的经济环境下，金融投资的回报率不会比其他任何行业高。但是"赌徒的贪欲"把事情变得更加糟糕，正因为这种贪欲，企业领导者们将美国企业界和依靠其生存的人们渐渐推向了深渊。李称之为由贪欲和有效管理机制的缺席而造成的企业癌症。他总结了目前最主要的几种问题：CEO 的工资过高、领导者能力不足、分析师贪污受贿、董事会过于自大、核算惯例面临质疑，等等。

李在会议上的发言基本上就是这些内容，在演说的最后，他还专门针对某公司的首席执行官发表了一番推心置腹的谈话，这个公司是科普集团的一个大主顾。李认为该公司当前实行的慷慨的股权分配制度不甚合理，他指出，陷入财务危机的实际上是股东们，而不是对股权进行操作的执行官，董事会最终应该向这些股东们负责。"与你的职工们一样，股东也是普通人。他们也许是自由职业者，也许已经退休，也许是年轻夫妇，也可能是单亲家庭的支柱，他们并不全都是富有的投资机构。"

美国的普通民众正受到一部分人的蒙骗，而欺骗者的职责原本是维护民众的利益，他们为此享受着很高的报酬。这时李·科普站了起来，举起红旗大声疾呼，对我来说这是对他的最好的介绍。本书中讨论的很多主题，第一次受到人们的关注都是因为那场演讲。（大多数观察家都认为那是一场激情四射的演讲。）基本上，这些企业丑闻都与管理层有关。我的大半人生都是在军队中度过的，我敢说自己清楚管理应该是什么，不应该是什么，所以我找到了最基本的问题。CEO 们理所当然是第一位的领导者，如果他根本就没有这个能力，那么就不应该待在这个位置上。对董事会的成员来说更是如此，对行政人员、工程经理、流水线管理人员等管理层的每一位成员也都应该如此。关于这一点还有很多更复杂的提法，但归根结底可以说，视野和能力是一个管理者的必备条件，而决定性的特征则是，能够把所有人的利益都摆在自己的利益之前。在企业中，这些利益包括股东的利益、职员的利益、客户的利益，甚至包括公司本身的利益。如果做不到这一点的话，那就赶快收拾包袱让贤吧。

对我来说这似乎是一个基本论点，但后来从所有人的反应来看，它却是受打击后的一种神经质表现。从李发表演说到我撰写这本书的这些年中，发生了很多事情，我们的神经经受了巨大的考验。企业对工作疏忽和不道德行为的刻意掩饰，成为美国生活中司空见惯的现象，让人感到悲哀。从主流电视、网络新闻和报纸报道中可以看出，我们正处于一个危险的境地，对这个问题的广泛性和危害性的认识越来越迟钝了。

两个例子足以说明问题：第一个例子是玛莎·斯图尔特（Martha Stewart），可以说她曾是美国的标志，是人们行为的榜样。她曾是纽约证券交易所的董事会成员。在 2003 年 1 月，由于妨碍司法公正（基本上就是撒谎）被政府提起公诉。另一个例子发生在 2003 年 4 月，主人公是被迫辞职的美国航空公司首席执行官唐恩·卡第（Don Carty）。

卡第辞职事件是一个分水岭，因为这是第一个完全因为触犯众怒而导致首席执行官辞职的事件。事情的来龙去脉大致是这样的，卡第致力于把美国航空从破产的边缘拉回来，在这个过程中，他对公司飞行服务员、技师、行李管理员以及飞行员施加压力，希望他们大幅度减薪（最高达23%）——所有的降薪要求都是在员工有此责任和削减成本的名义下提出的。同一时期，他本人的年薪却仍然有 160 万美元之多，他的工资与公司的业绩没有联系，自然一点也没有削减。更糟糕的是，卡第摇身一变，成为某个特别养老信托基金的主要管理者之一，这个基金是专门为公司高层创立的，不会受到任何破产程序的影响。在美国航空公司工会同意让步以避免公司破产的时候，那些交易的内幕还是不为人所知的，不过等到真相大白于天下，事情就没有挽回的余地了，卡第被迫辞职。

反思美国航空出现的困境，罗伯特·萨缪尔森（Robert J. Samuelson）注意到，在整个美利坚，过度补偿成为 CEO 文化的显著特点。"在一小部分人身上挥霍这么多金钱，这种行为方式为权力赋予一种新的意义。在美国企业界中处于金字塔顶端的人们自然会感到，他们不需要做得太好，他们理应变得富有。也许事情真到这种程度了……首席执行官的自负在于，他们认为在公司顶端的每个人，用不了多久都应该成为百万富翁。"

这种贪婪和自私的 CEO 文化得到空前发展，《财富》杂志曾经刊登过

不战则亡

首席执行官的战争备忘录

一篇强调首席执行官工资的文章,标题名字叫《呼噜呼噜》,并配了一幅插图,上面是一只穿着蓝色细条纹西服的猪。为了凸显"高工资,低回报",《财富》列举了 12 个 CEO,他们掌管的公司"上一年的利润都低于其标准普尔(S&P)指数,但他们享受的免费供应的东西价值高达 2200 万美元"。为了证明"CEO 工资只升不降"的观点,《财富》向我们揭示,首席执行官和董事会主席的薪金上涨了 32%(2000—2002 年),而销售与市场总监的工资同期却下降了 13%—15%。为了让读者看得更加清楚,杂志还摘录了 3M 公司首席执行官詹姆斯·麦克纳尼(James McNerney)的聘用合同;合同中声明无论失职或者判断失误都不会将他解雇。"让 CEO 振作并不是说得过去的理由。用最卑劣的手段也能取得成功吗?也许是吧。"

商业领导人被判重罪在过去几乎闻所未闻,但现在这也不是什么夸张的事情了,越来越多的首席执行官和公司主要官员被执法机关监禁,由于各种形式的会计丑闻、内部交易以及对公司财产的掠夺行为,他们不得不接受调查和控告。不讨论所牵涉到人物的人格,从这些层出不穷的企业丑闻中真正暴露出来的,纯粹是糟糕的管理方式——这是以自我为中心的思想所产生的自然结果,这种思想首先在企业高层产生,然后迅速传遍整个企业。领导层要做的是制定计划和确定企业发展方向,但他们同样肩负树立企业内部道德和伦理标准的责任,这些规范对企业内部的每一个人都应该具有约束力。

战争时期的思维变迁、持续的反恐战争、美国商业界多数公司缺乏良好领导层的现状,这些都是本书讨论的重点,我们也会讨论对现状的对策——但绝不是老生常谈。很显然,"9·11"事件的悲剧对所有美国人而言都是一种有力的号召,能激励他们在国际竞争环境中坚定立场,保持优势。来看看保守的专栏作家杰德·巴宾对此的观点:"阿富汗战争发生在 2001 年 10 月 5 日,是'9·11'事件发生一个月之内的事情。在这次行动中军队用密集的火力,对阿富汗进行了震撼天地的轰炸,而十多年前苏联在那里铩羽而归。不久之后,托比·基思唱出了'当我们透过黑黑的大眼睛,能够看清一切时,我们点燃了你们的世界,就像国庆日的焰火。'

那首歌非常受欢迎，它也向世界透露了美国民众的心理变化。"同样地，以安然公司为代表，大量令人遗憾的例子将美国企业界的现状展现在我们面前，他们的运转方式并不正确，应该少花一些金钱和时间在律师、说客和马屁精身上，同时花更多的精力管理企业。如果领导者们不能恢复管理层应有的无私价值观，恢复过去美国式的特点和气度，那么他们做的将远远达不到人们的期望。

为什么首席执行官、高级经理人员以及其他的商业领袖，应该理解某些不能从 MBA 课程或行政管理经验中学到的原理，并熟练运用它们？本书的首要目的正是解释这个问题。虽然我们关注于战争和恐怖主义对世界造成的主要变化，但本书提到的观点同样可以当作商业领袖的实践指导，尤其是在竞争变得异常激烈，甚至连某些基本游戏规则都已改变的商业环境中，那些希望生存下来并得到良好发展的领袖更加需要这些指导。基本上，本书是一本关于领导力的著作，我们还要解释为什么商界领袖应该向军界领导人学习实践上和方法上的经验教训。商界和军界是两个大相径庭的世界，对于这个问题，我们也将在后面进行深入的探讨，不过现在先考虑一下两者最基本的区别：商学院培养的是能够在管理职场上生存下来的人；而军队培养的是领导者。

事实上，军队就其本质来说是这样一个系统，在这个系统中，领导能力的观念和围绕此观念建立的价值体系深入人心，并在一系列指导训练和演习中得到强化；在这个系统中，领导观念和价值体系可以得到具体的体现，它们最终也是促成军官前进和晋升的关键因素。军队的目标是要培养出历史学家们所说的"战争天才"，在这些人才中，领导能力和战争技巧能够天衣无缝地结合起来，代代相传。这样连续运转的系统并不是为了创造利润，甚至也不是为了提高效率，仅仅是为保证国家能够战胜敌人而已。可以用很多种方法来表述这个问题，简单地说，领导能力最终归结为个人品质。虽然个人品质可以用别的很多方法去刻画，不过我还是最喜欢用我的牧师多年前教我的方法去检验：一个人独处时的所作所为最能够体现这个人的品质。

有一个极佳的例子可以说明上述方法的正确性，这个例子同样可以说明领导能力和某些个人品质之间的关系。2003 年 5 月 24 日，数百万美国观众在电视机前收看了在华盛顿特区举办的全国纪念日音乐会。在这场音乐会上人们演唱了很多爱国歌曲，大家还听到演员奥西·戴维斯讲述了林肯·雷波那上尉发生在"9·11"事件中的故事。雷波那上尉是一个 40 来岁的老步兵，穿着绿色军装看起来十分整洁，不过以这样的穿着站在国会大厦的广场上，还要出现在一个全国范围的电视转播中，显然不那么得体。

奥西·戴维斯开始了精彩的叙述，这时人们才开始明白为什么会挑选这位年轻的士兵到台上来。9 月 11 日的前一天晚上正好轮到雷波那上尉值夜班，当"9·11"清晨来临，前两架飞机撞向世界贸易中心时，他并没有待在五角大楼办公室内。不过当撞机事件发生以后，他本能地向五角大楼进行了汇报，完全没有想到的是在那可怕的一天他自己会亲历第三次袭击。由于上尉的车停在附近的停车场中，因此一种高速喷气发动机发出的声音引起了他的警觉。他当即抬头看天，正好在航班号为 Flight 77 的波音 757 撞进五角大楼西北角之前看见了它的身影，顷刻间火球和浓烟腾空而起。他盯着碰撞的位置看了好一会儿，在逃跑的人们的推搡之下才清醒过来。下面是他后来的回忆："我朝着出事的地点跑去，那是我应该做的。"

在五角大楼内部，他展开了那天的第一次救援行动，让被烧伤并已晕厥的一个妇女脱离了险境。再次返回的时候，他听到人们的哭喊，有人在向他求助。他挪开地上的瓦砾，小心地避开烟雾与火苗，帮助另外两人逃离了现场，随后又从二楼惟一的换气窗救下了几人。这时，所有人都已经接到了撤出大厦的命令，因为火、烟还有建筑物的结构性应力正在共同酝酿着那一天的第三次倒塌。撤离大楼不久雷波那上尉用上了供氧装置，他看着五角大楼的子面塌下去。在附近的医院经过简单的处理之后，雷波那上尉决定继续履行自己的义务。他进入仍在燃烧的五角大楼，回到自己的办公室中——雷波那是国防部长的私人参谋之一，事实上，他本可以成为第一个向国防部长唐纳德·拉姆斯菲尔德汇报的人，让拉氏知道他们受到的不是巡航导弹攻击，也不是汽车炸弹袭击，而是一架商用航班（被劫持了的）不顾一切撞向目标的自杀式攻击。

戴维斯的叙述很吸引人，但是雷波那上尉与"9·11"事件中民众亲眼所见的其他英雄们并没有太大的不同，这些英雄包括纽约城的消防员、警察和一些普通市民。不过他的故事还是深深地打动了我。原因有两点。他的事迹提供了某些我一直很想知道的信息。我看见了五角大楼遭受的攻击，不过极不情愿地认识到，我妻子黛比应该是对的，她说如今我的岗位在电视台，其他地方自然会有其他人——警察、消防员，还有军队——站出来做他们应该做的事情。她确实是对的——雷波那上尉就是这样一个看起来很平凡，可是却能在非凡的环境中有非凡表现的人。

当然还有另一个感动的原因：自从雷波那上尉从我在乔治敦大学开办的国家安全学习班毕业之后，我就再也没有看见过他了，直到纪念日的电视转播，已经过去了两年的时间。无论是在那个学习班，还是作为特种兵到波斯尼亚和巴拿马服役，他的表现都显得与众不同。可以说他在"9·11"事件中的表现确实很令人满意，但完全在情理之中。事实上，因为我对他的个人素质很了解，对他所受的训练也很了解，同时还很清楚军队文化对其个人品质造成了怎样的影响，因此我对他的期望值绝不会低。

如果你想寻找一种快捷的办法来总结商业和战争之间的差别，那么就看看陆军年轻领导者和商界领军人物吧，没有比这个更直接的对比了。两者收入差距超过 10 万美元，一位到福利社买既定尺码的聚酯军服来穿，而另一位买衣服时只出入诺德斯托姆（Nordstrom）这样的商店。这样的事实虽然很清楚，不过我们暂时不考虑这种差别。社会学家指出，他们各自代表了一种体系——国防系统和商业系统——这两种体系都是由社会创造出来实现某种功能的，但肯定不是所有的功能，当然各个体系也会不可避免地产生一些副产品。在全球化程度不断提高的自由市场体系中成长起来的工商管理硕士，拥有得天独厚的条件：在这个市场中可以生产最大数目的产品，提供最大限度的服务，保持最低的成本，拥有最大数量的消费者——这也许是有史以来最有效率的经济环境了。问题是，这样的体系也有一些潜在的缺陷，可能会伴随着经济的成功出现某些不好的副产品——

包括最近出现的一些CEO，他们贪婪、自私，又喜欢拿着权力耀武扬威。让他们来领导企业，就可能让团队走向毁灭之路。但现在的国防机构（至少在美国是这样）仍然保持着很好的组织性，做着与过去相同的事情，寻求军事胜利仍然是他们的立足之本。类似地，国防机构的运作也会有副产品产生：民众要多缴一些税金，才能造就一个需要严密的监督和大量常规国防拨款的庞大军工复合体。但是他们也常常会培养出一些杰出的年轻将领，例如，林肯·雷波那上尉这样的人，能够主动跑进着火的建筑物中救助他人，他们认为那是自己分内之事。对真正关心美国企业界前途的人们来说，这种分外鲜明的对比也许能够给出一些重要的提示。一年多以前，《商业周刊》就已经注意到商业领导者们罕见地处于不怎么受尊敬的地位。他们经高盛公司（Goldman-Sachs）CEO亨利·保尔森（Henry M. Paulson）的同意，在这篇文章中引用了他的一篇立场客观的演说："在我的一生中，从来没有看见美国商业界经历过严格的监督。坦白地说，这完全是有必要的。"著名的商业分析家约瑟夫·楼西拉在《财富》中写道："折磨整个美国企业界的是一个'系统故障'"，这话再正确不过了。

面临这样的系统故障时，在商业循环内会出现一种不断重复的模式：繁荣导致萧条，然后不可避免地要求制定新法律和法规，用来解决存在的问题。这种方法遭到了查尔斯·科尔森的明确警告（以他的经历，有这种思想是非常自然的），他的警告是："我们认为自己可以通过制定律法来克服人性的弱点，这才是愚蠢的想法……我就是一个很好的例证，药方不是法律也不是规章，而是人心的转变……真心希望美国企业界能够立足于培养道德风尚，了解什么才是应该做的。我调查过很多商学院的课程安排，发现很少有人讲述伦理学。"

确实是这样的。科尔森的思路可以让我们回到寻找新模式的基础和需要上来——在寻求新法律和新法规帮助之前。在这里，这些模式不仅包括实用的行为标准，还包括为迎接21世纪竞争挑战而准备的工具。本书要研究的主要问题是，今天的商务人士和商业领导人能够从为军事活动献身的同胞那里学习到什么样的道德经验和职业教训？

作 战 计 划

任务目标

首席执行官、高级主管和其他商业领导者们，应该对 MBA 课程或是他们过去的行政经验中学不到的一些原理抱有深刻的理解，并能够熟练地运用：

- 战略问题实际上就是找平衡的问题，有时候会很困难。例如，要让你在两个同样不太令人愉快的选项之间做出选择；被迫调整自己的行动，使你与自己的初衷相背，或是与最终目标不符。

- 首席执行官是理所当然的最高领导者，如果他根本没有这个能力，那么就不应该待在这个位置上。对董事会成员来说道理也是一样，对行政人员、工程经理、流水线管理人员等管理层的每一位成员也都应有这样的要求。

- 作为一个合格的管理者，视野和能力是必备条件，但是具有决定性的品质应该是，要能够把所有人的利益都摆在你的利益之前。在企业中，这些利益包括股东的利益、职员的利益、客户的利益，甚至包括公司本身的利益。如果做不到的话，那就立刻卷铺盖走人吧。

- 在层出不穷的企业丑闻中真正暴露出来的，完全是糟糕的管理问题——这是以自我为中心的心理的自然结果，这种心理首先在企业高层产生，然后迅速传遍整个组织。

- 领导层的工作是制定计划和确定企业发展方向，但他们同样有责任树立企业内部的道德和伦理标准，这些规范应该对企业每一个人都具有约束效力。

- 以安然公司为代表的大量令人遗憾的例子表明，整个美国企业界的领导层处事并不妥当，他们应该少花一些钱和时间在律师、说客以及跟班身上，而为了领导企业发展，则需要更多的时间和资金。

- 如果现在的商业领袖未能恢复领导层应有的无私价值观，恢复一贯美式特点和美国式的崇高，那他们做得还远远不够。

- 领导能力最终归结为个人品质。虽然个人品质可以用很多方法去刻画，不过我还是最喜欢多年前我的牧师教我的方法：一个人独处时的所作所为最能够体现这个人的品质。

第一部分

商　战

2 商业，战争

——两个迥异的世界

把商业和战争相提并论，这对多数商业界的读者来说是令人吃惊的事情。毕竟，没几个企业领导人觉得自己所面对的环境会像电影《拯救大兵瑞恩》中展现的那样，与诺曼底登陆的场面一样激烈。其实本书的意思是，无论是从诺曼底登陆战还是从伊拉克战争中总结出来的军事原则，很多都能够应用到商业活动上。现在的当务之急是让大家注意到这样一个不可否认的事实：整个美国面对的是一个无序、多变，而又充满竞争的环境。我们有很多敌人，他们在不断地学习和成长，同时对我们所施加的压力无动于衷。我们将在下一章看到，面对多变而混乱的环境，人们需要一整套新的领导方法和管理技巧，这是在我们传统的 MBA 课程中学不到的。

然而，关于商业和战争之间关系的传统观念认为，它们始终是两个不同的世界。持有这种观点的人包括许多军人、企业领导人和学界人士。因此，首先要具体阐述我的观点，以开宗明义。如果你要到我所在的乔治敦大学参加学术研讨会组织的开放性会议，那么你将会接触到这样的思想，即认为商业和战争是相对的两种事物。关于这种论点，我最喜欢的文章来自爱德华·勒特韦克的大作《战略：战争与和平之间的逻辑》，文章一开始就强调，战争本身就是一种矛盾。当罗马人写出"如果你渴望和平，那么请为战争做好准备"（Si vis pacem, para bellum）的时候，他们就已经

19

不战则亡

首席执行官的战争备忘录

深刻地认识到，商业和战争作为两个世界，分别展示了两种奇特而又互不相同的逻辑系统。

商人经商需要做很多的工作，比如，要把货物运送到市场上去，就必须选一个方向，找一条合适的道路，并要做到花费最小、效率最高。在太平盛世，对于如何将货物从 A 点送到 B 点，并尽可能地节约成本的问题，通常都可以采用常规的算术方法来解决。而在战争时期，决策者必须考虑更加复杂的问题，因为往往最有效和最直接的交通方案（例如，使每次的运送量都达到最大值，或是横穿原野直线运送等）都只会让敌人偷偷发笑，因为那样做敌人就很容易推测出运送的路线，选取关键的地点设兵伏击。简言之，用最有效的方法办事带来的通常只有敌人的攻击和灾难。现在请记住这一点：除非你发现自己是在和托尼·索普拉诺①进行商业竞争，否则，从根本上来说商业和战争还是有着不同规律和效用标准的。

对一个研究生来说，两个世界的不同之处也许很重要，但并不是说它们就连一点共同点都没有。寻根究底，任何事物都有两个方面：美国的商界确实是个商业的世界，军队也确实长期忠于职守地守护着我们。不过历史通常都是罪魁祸首，就像以前常常发生的事件一样，如果我们的国家（美国）不是由逃兵建立起来的，那么美国的民主政治就会受到另一种人的影响，不过当时有影响力的人都认为，国民应该拥有对军队的绝对控制权。他们大多都很厌恶常备军的思路，最终在费城的立宪会议上，争论的实际问题成了国民如何控制军队。最终，会议采用了一种特别的方案，即分权而治，由国会筹建陆军，领导海军，而让总统担任总司令。这样就引起了政治学家们所说的"斗争的诱惑"（invitation to struggle），问题的关键在于哪里才是将军和政治家之间的权力制衡点。对军队而言，他们常常得忍受历届国防部长们的骚扰，例如，罗伯特·麦克纳马拉和唐纳德·拉姆斯菲尔德；同时又经常有众议院的议员为了寻求自己所在选区的支持，来扰乱他们的日常事务。在这种情况下，军队还是更愿意独立一些。他们已经习惯于听别人告诉他们做什么，但不喜欢别人教他们怎么做。

---

① 美国电视屏幕上的黑道大哥形象。——译者注

20

近年来，由于越南战争后期废止征兵制而实行志愿兵制度的决策，军队独立派的力量有加强的趋势。经过长时间的争论之后，建立专业的军事结构体系成了全军上下不容怀疑的坚定信念。但是，随着职业军队规模的不断扩大，美国人民与军队之间的距离却越来越远了。发生这一情况的原因是：进入军队服役的美国民众越来越少，有机会与他们的军队发生直接接触的人也不断减少。尽管征兵制能够建立一支真正的"国民"军队，但是正规职业军队的增长才真正制造了一支"军队"的军队。不仅广大人民免除了军队服役的义务，悲哀的是，他们的领导人也和他们一样，没有在军队服役的经历，包括参议员、众议院议员、总统候选人还有那些自封的媒体领袖在内。这种广泛而持久的隔阂——在某些领域被称为"大分裂"（Great Divorce）——就算是反恐战争的出现，也没有被消除的迹象，如今正在被完好无损地传给下一代。

只需要举一个例子足矣：在 2003 年春季的毕业典礼上，哈佛大学毕业班的学生们准备接受自己的学位。美国的教育系统在达尔文进化论控制下，淘汰率很高。他们都为自己能够在这样的高校中顺利毕业而自豪。在全国优秀高中生中，只有百里挑一的好学生才能进入哈佛大学念书。现在，有 1586 名精英即将得到让人垂涎的哈佛大学学位。但是最激动人心的时刻却发生在九个学生站出来接受后备军官训练队（ROTC, Reserve Officers' Training Corps）的任命书，并开始服役宣誓的时候。在现在这样的战争时期，国家还处于紧急状态，1586 个毕业生中只有九个服役，也就是 5.7‰的服役率吧——如果我的标准陆军计数器没坏的话——这看起来太少了。你也许会认为，经过多年来和平主义者以及人类和动物权益保护组织的种种攻击，后备军官训练队的影响在哈佛大学还能继续存在下去简直是一种奇迹。"请别忘了，有一小队英雄总比一个都没有要好啊，"当哈佛大学的校长劳伦斯·撒玛斯谈及这批后备队毕业生的爱国热情和奉献精神时深情地说。但在谈话中，他也提到了最近的一次华府星条旗晚宴，为表明个人是属于国家军队的，这些精英团队中只有少数人出席了晚宴，谈到这里时他无意中流露出些许讽刺，同时也想知道这种趋势对于国家将来的领导层有什么意义。

他是应该好奇。因为目前来看，大分裂的两方对对方都是友好的，但却看不到有相互理解的迹象。简而言之，军队与美国社会（包括商界）之间的隔阂仍然广泛而深远，这个问题将被残忍地交给下一代，在未来去解决。

两个世界是隔离开的——但在逐渐靠近

这并不是说，两者之间不会偶尔发生直接交流，在军队需要向商人们学习点什么的时候，这种直接交流就很可能发生。由于五角大楼给予大量行政上、后勤上以及技术上的支持，使得陆军将军和海军上将们普遍认为，商人天生就知道怎样才能把事情做得更好。在交叉训练的热潮中，海军将领们被送到华尔街股票交易市场，学习如何在混乱无序的条件下做出正确选择。国防部每年也都会公派一批有前途的年轻军官去参加长达 11 个月的高水平"勤奋训练"，目的是让他们了解发生在技术和组织管理领域的最新变革，这很明显是"IBM 机械大帝"（deus ex IBM machina）思想的一种实践。

但是这里还有一个没有被普遍认识到的事实，即对立面总是存在的：相对于商界的领导人来说，军队的长官们要具有大得多的优势。我第一次意识到这个事实是在第一次海湾战争的前一天，陆军司令命令我去观察最近一段时间商界领导层的流行时尚：全面质量管理（Total Quality Management，TQM）。全面质量管理的概念是由管理大师爱德华兹·戴明（Edwards Deming）创造性地总结出来的，他是效率学的专家，在第二次世界大战后让日本人学会了如何把质量作为有力的竞争工具——感谢上帝，幸好不是在"二战"前。于是我花了一星期去参加一个商业研讨会，学习全面质量管理的全部 14 点具体内容。我发现它的效果因为戴明的奇迹而被夸大了，戴明先生已经 90 岁高龄，到哪儿都有两个 20 岁左右的迷人金发少女在左右搀扶。

戴明和他的金发少女们离开之后我也返回司令部复命，我告诉我的长官，有好消息，也有坏消息。坏消息是，陆军还没有正式的全面质量管理程序或任何大体相似的东西。好消息是，多年来我们都本能地遵守了全面质量管理14条中的大多数，尤其是那些处理战略和常规考核方法的准则。还有最重要的一点，就是职责必须得从顶层向下传递至最底层，我们已经那样做了，他们被称为NCOs（The Noncommissioned Officers），即士官，是我们的骨干力量。在数月之内，这些可能还没听过全面质量管理为何物的军官们就在"沙漠风暴"中建立了自己的功勋，不仅向世人展现了他们的职责和能力，同时也对所有战略做了最好的衡量，我们是成功的。

无论过去这两个世界有多么的不一样，现在都发生了一些深刻的变化。对商业经营者而言，竞争环境与战场上混乱无序的场面越来越像了。在这些影响到所有商业实体的变化中，第一点是不断增加的竞争。举个例子，"冷战"的结束就带来了许多意想不到的、地缘政治上的后果。不但在原苏联帝国的疆域内新生（或重生）了许多国家，在经济制度方面，在寻求提供货物和服务的最好模式时，市场经济也脱颖而出。与过去相比，围绕应该把私有企业控制在什么规模上以及中央集权经济应该如何规划及其走向这两个问题，人们进行着持续不断的争吵和辩论。多数商人都是在这样的环境中学习经济理论的，无论如何衡量，这都是一个巨大的变化。但坏消息也来了（在经济学理论中不缺坏消息），自由市场的兴旺自然会催生一批新的竞争者，他们懂得供给与需求的关系，知道创新精神的重要性，也理解追逐新市场的必要性。但他们对资本主义世界从19世纪晚期开始奉行的原则——公平竞争原则知之甚少。

自然而然地，传统规则，比如说自由贸易（如北美贸易协定所产生的地区经济一体化）不可避免地会造成工作机会的外流。基础经济和主要的工资水平都是确定的，情况又怎么能往其他方向发展呢？许多美国公司还抱怨说，他们必须遵守一些导致产品成本提高的法规，而全球市场上的其他竞争者们则不必受到这种限制，没有这一项成本。这样的法规有很多，例如，《空气洁净法令》以及《水源洁净法令》等等。更严重的是，这些竞争者通常都与当地政府有着千丝万缕的联系。这样的背景常促使一系列践踏公平贸易准则的行为发生，包括不严格执行反托拉斯法案，甚至直接进行商品倾销。1997—1998年亚洲金融危机发生时，整个亚洲的钢材需求

23

量锐减，亚洲的一些钢铁公司——特别是日资钢铁公司，将大量钢材运到美国市场进行倾销。根据美国钢铁工人联合会的统计，这直接导致六家美国钢铁公司倒闭并使数千钢铁工人下岗。简要地说，随着竞争者的增多，以及经营手段不公平性的增加，传统竞争优势的衡量方法已经发生了变化。

商业与战争的前两个相似点是有紧密联系的：经济全球化是顺应经济发展潮流的另一波冲击，与信息时代的科学技术息息相关。普利策新闻奖获得者、专栏作家托马斯·弗里德曼用敏锐的嗅觉发现了这种趋势。他并没有简单地把全球化看成是企业发布全球网页而造成的扩散影响，而将其视为"冷战"后占主导地位的国际新体系。"整个世界逐渐变成相互交融的一体，今天，无论是一个公司还是一个国家，与之联系紧密的伙伴带来的机遇和挑战都将越来越显著。19世纪，公路、铁路和运河交织而成的交通网络促成了工业时代的来临和资本主义的发展。同样，21世纪信息时代的科学技术——"计算机化、小型化、数字化技术、卫星通信、纤维光学和国际互联网"——为更具渗透性和扩张力的经济模式提供了发展源泉和动力。弗里德曼对 Slate 杂志中关于经济全球化的描述十分赞赏："传统总是被变革所替代，而过去总是被现在——也可能是将来——所替代。将来发生的事情才是最重要的，但将来的事情只有在当前的事物被取代之后才会发生。"

这真是对未来的美好描述。不过也有人担心自己会扮演被轻易取代的角色，特别是那些可怜的经理们，他们辛苦地拿到 MBA 学业证书，业务做得有声有色，也曾经体会过成功的滋味——现在却发现自己被出乎意料地抛在全球化竞争的无边大海里，喊天天不应，叫地地不灵。几年前，我曾为一家大型家居装修连锁公司提供咨询，他们有一个很困惑的问题，即为了让公司决策更具科学性，是否有必要引入更好的商业情报系统。问题主要是，公司最初的创始人是一对住在南方乡村的夫妻。他们是靠地区性木材生意起家的，多年来已经习惯于考虑地区性的问题，诸如如何为一板尺原木制定具有竞争力的价格，或是如何在阿拉巴马州和北卡罗来纳州之间选择更好的原材料采购地等。现在，由于经济全球化的影响，他们周围的市场已经发生了改变。他们发现，想要做出明智的决定，是否了解台湾地区的原木定价也成了至关重要的一点。对于现今的竞争环境，谁是敌，谁是友；谁可结盟，谁需力取，他们都一无所知，对亚洲农业市场的特有弱点更是知之甚少。

当一个问题牵涉的因素太多，复杂性大到一定程度时，就会带来更大的问题，那就是特有的美国式褊狭和僵化，这常常被外国人误认为是傲慢和自大。一些人从没有出过远门——假设在世界其他地方，人们的行为、思考方式和社会组织方式都与美国人一样——那么全球竞争带来的部分挑战就不存在了。我们来看一个例子：前两年，我的妻子到布鲁塞尔（比利时首都）去参加由某著名美国公司举办的投资研讨会。从头至尾，整个会议内容与在美国国内讨论的完全一样，全都是关于纽约股票交易市场、道琼斯的狗（the dogs of the dow，并不是骂人的话，而是一种相当普及的选股策略。——译者注）以及美国市场投资的特殊性等内容的演讲。这个研讨会对绝大部分欧洲听众来说都是对时间的巨大浪费——研讨会上的演讲人肯定没有注意到，就算面对母语不是英语的听众，他们仍然保留着大声喊叫的习惯。

当今商业与战争的第三个共同点是速度。"商务速度"（the speed of business）这个词汇已经迅速成为最热门的话题之一，大概人们已经意识到新兴竞争者的高速发展，以及信息传播速度的问题。全球每天都有数万亿美元通过电子传输手段进行流通。这样的资金流通是为了解决大公司和中央银行的支付账号之间的资金不平衡问题。从华尔街到东京股票交易市场，世界市场与这些交易所都有着内在的联系，造成的结果是前所未有的资本自由流通。登上任何一架飞机，特别是到东海岸的航班，你将看到许多帮助商务人士办公的新产品：便携式电脑、PDA还有由于干扰飞机导航而必须关掉的手机。

再举一个关于速度和保持通信的重要性的例子，事情发生在堪萨斯州的古德兰，主人公是一位种植小麦的农场主，叫肯·帕尔盟根。随着2003年降雨量恢复到正常水平，他预计到那年的冬小麦将会有大丰收。由于小麦市场已经从美国这个过去的中心扩展到了从欧洲到亚洲再到非洲的大部分地区（尼日利亚是"堪萨斯州硬红冬麦"的特大消费国），帕尔盟根指出："今天我们的业务范围已覆盖全球，我们必须随时注意市场的动向，注意其他竞争者的动向。"帮助帕尔盟根和其他农场主做到这一点的是卫星数据传输网络，它对天气、小麦生长情况、世界谷物需求情况等数据保持 24 小时更新。"有些人甚至在拖拉机中设有服务终端，这样他们就不会遗漏任何有用的市场信息了。"

我们感到，与世界随时保持联系是必须的，出发点也是好的。速度就等于机会。用我们教官的话来描述这个道理会很酷，在基础训练中他总会在我们背后大声训话，告诉我们世界上只有两种刺刀手：快的和死的。赶不上迅速变化的世界，就意味着失去机会，丢掉市场份额，甚至陷入财政危机。

速度导致易变性，这是商业变得越来越像战争的另一个原因。由于世界各地区之间的相互联系越来越广泛，也越来越深刻，因此越来越多的人被卷入这个全球市场。这体现了一个基本的经济学规律，那就是任何事物都依赖于其他事物而存在。托马斯·弗里德曼举了一个著名的例子，1998年初金融危机在泰国爆发，七个月之后由于日用品价格的暴跌而影响到俄罗斯；然后引起了风险基金的撤离，从而将危机传到了巴西的股票市场；接着由于对美元的需求增强，危机的影响继续扩散，最后还是世界最大的风险基金——长期资本管理公司（Long-Term Capital Management）被迫出面抽资救市，这才避免了整个市场的彻底崩溃。

造成这种"作用—反作用"恶性循环的原因不仅仅是信息的快速流动，事实上大多数人根本就没有理解这些信息的真正含义；原因还有媒体对各大公司的评论造成的不断膨胀的危机阴影。与许多企业执行官交谈，他们都会告诉你，他们知道一切与自身业务有关的事情，例如，资金、原材料期货、企业管理方法等等，不过虽然他们一直对事态保持着强烈的关注，一连串的事件还是让他们吃惊不已。这些领导人的情形就好像伞兵在跳伞训练的时候发现备用伞坏了一样。在下落的过程中，他努力想解开伞索，可是往下看的时候却惊奇地看到军队厨师从云中飞上来与他相遇。当他们在半空中擦肩而过的时候，伞兵大声喊道："喂，伙计，知道怎么打开备用伞吗?""该死的,我怎么知道啊!"厨师咆哮道,"你知道怎么点燃一个军用炉吗?"

一个最能表现易变性的例子是 SARS(严重急性呼吸综合征)在 2003年春天的爆发。问题迅速地由一个地区性公共医疗卫生问题转变成为影响中国大部分省份的流行病问题,给包括亚洲在内的世界经济带来了不利的影响。智库公司是一个很大的商业情报公司,他们的 CEO 戴维·罗思科波夫指出,如果在 2003 年 1 月,关注互联网和在线新闻的人们能够及时了解到 SARS 的爆发,也许能够早一些发出警告,避免更糟糕的事情,也就是他所认为的"信息流行病"的发生。从这次 SARS 的灾难中我们所学到的教训是:"在信息时代,生活已经发生了根本性的变化。易变性越来越多地显示着威力;事件和信息都传播得很快,事情的后果也扩大了许多。结果就好像坐过山车:刺激、惊险、让人晕头转向,而且风景与在平地所见绝不相同。"

许多决策者都会遇到相似的问题,关于某种产品的谣言、货币价值以及政局不稳等种种因素让他们摸不着头脑。对于那些自认为能够免受列宁所称的"历史锤击"的公司,无法预计的外部事件(即传统价值链之外的扰动)常给他们带来戏剧性的影响。这就有点像西点军校的军官俱乐部,在那里人们常常会因为有人吃午餐而大惊小怪。或者回到多年以前,看看我妻子在英格兰的经历,那年秋天英国铁路公司的许多班列车都被延迟甚至取消了。英国铁路公司当然配有树叶扫除装置,但他们解释说列车延迟的原因是"错误种类的树叶"掉到了铁轨上。

在"9·11"事件以后,这些无法预计的问题出现得越来越多,涉及防卫事务、安全问题以及生存问题等等。正如我们将在第 9 章具体阐述的那样,企业领导者从战争中学到的知识多与安全问题有关。在"9·11"事件发生之前,企业安全市场就已经很活跃了,工业安全和行政保护两种业务尤其活跃。然而,对现在的执行官员而言,需要从许多不同方向去了解一类全新的威胁,它们会对所有的商业交易造成影响。正因为经济全球化,很多企业都发展成为跨国公司。很多公司也将代表处设到全球各地,并在世界范围内寻求合伙人以及加盟公司。经济全球化中最基本的一点——经济多样化，让很多经济实体之间产生了相互依赖；而相互依赖又会导致风险的增大。举一个显而易见的例子：无论是地震还是战争，都会给台湾芯片制造商和主板生产商带来严重冲击，这种冲击同样会传播给予他们有合作关系的其他电脑生产商。1999 年 9 月中国台湾的 7.6 级大地震发生之后，一个半导体设备制造商告诉我们，他们非常幸运，那场大地震之后仅损失了 3.9 亿美元。其中大部分损失是由停电造成的。"停电最多造成数星期的业务中断，但如果损失了关键的器材或设备，那么公司将停产数月，甚至数年。"

现在进行总结，由于竞争者不断增加，经济全球化和信息化的程度不断提高，速度和易变性的作用愈加明显，商人们所处的环境与士兵们精于应付的战场越来越像了：富有掠夺性、情报充足而且变化迅捷。由此可以得出结论，也许商业和战争终究并不是完全迥异的世界，在商业活动中，（概念上的和分析上的）基本领导规范和管理方法需要一些变通了。如果一切变化的影响都是清楚的，那么一个对此还不完全明了的商业领导者，仅仅依靠基本 MBA 课程中所学的知识，或是实践中得来的一点点经验，又怎么能指挥大局、使公司更上一层楼呢？对于一些新时代必备的特殊工具，本书通篇都有讨论，但请先记住这一至关重要的原则：**只有在信息时代适于操控大局的决策者手中**（商界的 CEO 或者战场上的将军），**这个时代特有的工具才能发挥作用**。就算是有最好的情报系统和信息共享方案、最棒的员工培训课程以及本书提到的其他种种先进技术，也不一定会有理想的效果，除非你们拥有一个富有进取心和胆略的 CEO，能够有效地使用这些资源，透彻地理解和分析得到的信息——这才是公司最需要的。

竞争中的价值体系

还有一个原因促使商业与战争的关系变得重要。让我们来回顾一下科尔森博士①的观点，他认为我们应该接受被良知所限制的道德准则。军队

---

① Charles Colson，美国基督徒思想家。——译者注

在战场上的行为一般都被一套独有的道德体系和价值观念所限制，这套体系和观念允许他们以你能想像到的最野蛮的方式赢得胜利，但绝不能容忍士兵放弃道德底线，令军队和军队所代表的社会蒙羞。我们应该把这种价值体系看做先进的价值观念体系。

没有相关经历的人很难理解核心价值观念在军队中的重要性。越南战争后期我进入部队，成为一个新兵。某天进行基础训练时我和其他新兵被集中到一个房间之中，那里站着一个令人印象深刻的少校，隶属陆军 JAG 军团（按我们当时的标准已经算是名人了），接下来的一个小时中，他成了教授登陆战纪律的主要教师。我们忽然从俯卧撑的训练中解放出来，对其言语中的严肃性还没有很好的体会。我们听到很多新鲜的东西，诸如"战争犯罪"和"不合法的命令"这样的词汇，以及"不服从命令的义务"这样的新概念，即，如果任何长官给我们下达的命令会造成战争犯罪，那么我们有"不服从命令的义务"。最让人浑身发冷的是，如果我们被指控犯有战犯罪行，则将交由军事法庭处理，最终关押到莱文沃思的监狱之中。少校的课程结束以后，教官们立即恢复训练，他们都是最近从越南返回的老兵。

在让我们开始做更多的俯卧撑之前，教官们又从个人的角度和我们讨论了之前所学的内容：通常我们都必须遵守这些纪律，如果有人做出向受伤战俘开枪这样的蠢事，那么政府肯定不会轻易放过他的。但是请记住：绝对不要给敌人留下任何不必要的机会来杀你——现在你们清楚了吗，新兵们？事实上，我们远还没有明白。因为理论上的价值体系和实际行动中的价值体系之间的冲突很激烈，没什么比这个还要花费心力。但请别担心，我至少还在其他场合参加了三次类似的课程，学习日内瓦公约，才让自己的军装镶上代表上尉的军阶线；我准确地知道什么是不合法的命令——陆军对自己的价值体系是十分严肃的，该体系会不断得到系统的解释、执行和强化，并得到每一级长官的配合与支持。

该让今后的商业领导人的价值体系复苏了。除了为决策者提供一些技巧以帮助他们在风云变幻的商业战场上取得成功外，军队还提供了另一个有益的范例，提示企业家们如何将"外部的"社会价值体系注入公司，以影响内部的企业行为。就好像老鹰乐队在 20 世纪 70 年代所写的一首流行歌曲中唱的那样："任何庇护都是有代价的。"——军队让国民提供资金的历史代价就是必须遵守代表社会意愿的政治家强加给他们的某些规则。不管过去的政治斗争有多么艰难,现在的事实是,尽管这些价值体系是外界强加的,但已经为军队理解并接受,而且最终与军队的成功密不可分。这套价值体系中最根本的一点,就是接受"国民控制军队"的神圣性,就算是比尔·克林顿连任总统的困难时期,这一点都没有受到真正的质疑。美国军队总是热烈地欢迎,但私下里都很讨厌这位总统。我曾经不止一次听到一些高级军官的警告:"你们可以不喜欢他,但我们不是那种龌龊的国家,所以请保持你的尊敬,个人评论自己听就行了。"而我们通常也是这么做的。

实际行动中的价值体系是士兵职业道德的精髓所在。哈佛大学校长萨穆尔·亨廷顿把它看成是"源远流长的美军传统"。当哈里·杜鲁门总统在 1948 年签署总统令,要求军队实行种族融合政策的时候,命令的决策者就已经遵守了那种职业道德。尽管这一法令在当时引起了很大的争议,但经过至少两代人的努力之后——还包括科林·鲍威尔总统在内——收效已经显而易见:军队成为全美最成功的综合机构之一。正如权威军事社会学家查尔斯·莫斯科斯所言:"在整个美国,军队是可以随意让黑人领导白人的惟一地方。"

观察军队中女性的地位产生重大影响的其他法令,也能得出相似的结论。大量女性进入军事院校,获得与作战相关的职务。这里能够为商界所用的经验是很重要的,最基本的一点,社会常常认为有必要将自己的价值体系加于比较顽固的机构之中。美国的军队文化——通常不太受大众欢迎——已经习惯了强加于自身的内部价值体系之上的外部影响。但商界还很不习惯,由于政府过去的放任政策,在整个 19 世纪和 20 世纪,企业领导人不得不接受法律法规越来越严格的限制。《财富》杂志的记者约瑟夫·楼西拉对于这种模式有着独到的见解:"通观历史,泡沫总是紧随萧条而来——它的出现迫使我们制定新的法律和制度,以控制这一时期产生的暴行。"

　　制定这些新法律的目的，只是为了纠正超越道德底线的、最令人发指的恶行，正如楼西拉所说，是从汽车后视镜中都能随意看到的那种暴行。政府的许多努力看起来更像是对游戏场地的调整，而不是对游戏规则的彻底改变。在哈佛商学院讲授领导学和伦理学的斯科特·斯努克解释说，对一个组织来说通常有三种约束方式：法律，为他们提供一些基本的社会定义，例如什么是可以被接受的行为；法规以及由政府、自由职业者联盟或企业组织发布的其他行政约束，以书面指导的形式提供第二层的管理，进一步控制客体的行为；第三种方式就是最基本的价值体系，对人们的行为有限制和引导作用。企业的最大问题通常就在第三点上，"与在军队中不一样，在商务人士之间并没有就'什么是核心的商业价值'这一问题达成共识"。

　　他还援引了另一个著名学者阿米塔·埃齐奥尼（Amitai Etzioni）的观点。埃齐奥尼写过一些书来描述在美国商学院教授伦理学的难度——书中还涉及他自己在哈佛商学院和其他商学院的教学经历。最严峻的一个问题是：对于伦理学课程应该有什么内容、要如何去讲述等问题，在商学院的教员中并没有共识。他转述了一个经济学家的话（并没有讽刺的意思），"我们到这里来是给学生们传授科学知识的"，另一个经济学家不知道在伦理课上该对学生讲解谁的理论，而第三个学者则坚持认为家庭和教堂才是学习伦理学的最好地方。结果是："许多商学院的教授都选择绕开有关道德问题的教学，仅当经济学中或法律条文中有明确规定时才说明一下，涉及'与伦理有关的问题'时则说得含糊不清。"这种结果真让人沮丧。埃齐奥尼的一个学生曾经对他说，伦理规范对于现代企业而言是生命中不能承受之重，因为一个注重效率的公司必定会将一个注重道德规范的公司淘汰出局。那么，在未来呢？埃齐奥尼提到了阿斯彭（Aspen）研究所正在进行的一个调查，调查对象是全美顶级的商学院，目的是考察命题"商学院的教育不仅没有提高，反而还降低了学生的道德品质"是否正确。

　　还没有一套商业价值体系，能够被经济学教授所理解、被商学院学生所接受、为企业领导人所欢迎或被商业机构当作规范强制执行。失去了道德规范的指引，企业丑闻能够引起的惟一后果就是雇员和投资者的震惊。

但这也不是世界末日，在首席执行官能够从军界学到的东西中，就有一整套价值体系。这不仅是因为军队的独立性，还因为军队的价值体系在其内部不断被评估、应用和强化，而这些过程常常是在广泛深入的争论下进行的。争论的问题有 1991 年的"海军台霍克"事件①，是否应该将 2002 年阿富汗战争中卷入误伤加拿大士兵事件的两个飞行员送上军事法庭的问题，2003 年初性骚扰的指控发生之后，在空军军官学院加强纪律制度的必要性问题，等等。这些事件表明，军队和商界一样，是人的机构，是由一群可能犯错的人组成的，不可避免偶尔会有违规行为。但两者最大的不同是，军队的价值体系是很显眼的，能够经常地提醒士兵什么是对的、什么是错的，怎么分辨对错。

接下来是本章最后的说明，因为本书并不是第一本建议将经商和战争联系起来的书。其他类似的书都借用军队历史来挖掘灵感，包括 20 世纪 80 年代的经典著作《匈奴王阿提拉的领导秘诀》以及最近汤姆·惠勒的新书《南北战争中的领导经验》；也有很多退役军官利用多年服役的领导经验为商务人士提供建议，这包括少将费里·史密斯在 1986 年发表的《主管》和前陆军司令戈登·苏利凡的《希望不是方法：商业领导人从美军那里学到的》（*Hope Is Not a Method：What Business Leaders Can Learn from America's Army*），再到最近前海军上校迈克尔·阿伯拉肖夫（Michael Abrashoff）的新作《这是你的船》；而其他作者则对过去和现在的军队领导人的生活进行了仔细研究，从奥伦·哈拉里的《鲍威尔领导秘诀》到帕萨·博斯十分有趣的新书：《亚历山大，伟大的战略艺术家》。所有这些书都称得上是对商业文学的贡献，其中一些还可以当作某个名人或是某段辉煌岁月的趣味读物。但事实上我们既不是亚历山大，又不是鲍威尔，也不是匈奴人，我们也不太可能有机会掌管一艘船或指挥一支军队。就算我们有这样的机会，这些著作中提出的许多经验也没有从不同历史、不同科技水平和大不相同的价值体系中转化过来，成为我们可以使用的东西。所以，本书不准备通过奇闻轶事来学习领导学方法——虽然那样会很愉快。

---

① 一个海军女军官遭到性侵犯的事件。——译者注

我们尝试着清晰明了地、系统地把领导学展示给大家。

当我写下这些文字的时候，最新的一期《华盛顿邮报》用显眼的标题写着："由于长期奖金计划促使红利增多和年薪增加"，2002 年 CEO 的工资增长了大概 17%。赞美上帝，不过你认为他们应该拿这么多钱吗？我也不这么认为。但请看下去，因为我们现在将直奔主题——商业战争和手执帅印者，读完本书，你的生意将变得非常非常的红火！

作 战 计 划

任务目标

只有在适于操控大局的信息时代决策者（商界的首席执行官或者战场上的将军）手中，这个时代特有的工具才能发挥作用。

- 就算产品生产是合法的，但由于劳动力成本太低，这些国家同样能够成为很有竞争力的经济力量。目前美国的工业界正在全球范围内忙于应付这样的经济力量。诸如自由贸易这样的传统规则将不可避免地导致工作岗位的外流。

- 尽管牵涉的因素过多，复杂性很大的问题很有趣，但全球化经济带来的更大问题，是特有的美国式的褊狭和僵化，这常常被外国人简单地误认为是傲慢和自大。

- 速度等于机会。换一种说法更妙：世界上只有两种刺刀手——快的和死的。赶不上当今变化迅速的世界就意味着失去机会、丢掉市场份额，甚至可能陷入破产危机。

- 商务贸易的速度是商业活动变得越来越像战争的另一个原因，这一点体现在易变性上。由于更多的人进入这个经济市场（这是世界联系愈加广泛的结果），经济学的基本规律带来一个全新而严酷的事实：任何事物都依赖于其他事物而存在。

- 许多决策者的问题是，关于个别产品的传闻、货币价值和政局不稳等问题把他们搞得不知所措。对那些自认为能够躲过列宁所说的"历史的锤击"的企业，不可预料的外部事件往往有着戏剧性的影响。

- 由于竞争者的数量不断增加、经济全球化和信息化的程度不断提高，速度和易变性的作用愈加明显，商人们所处的环境与士兵们精于应付的战场越来越像，都具有掠夺性、情报充足而且变化迅捷。

- 就算是拥有最好的情报系统和信息共享方案、最棒的员工培训课程以及其他种种最先进的技术，也不一定有理想的效果，除非你们有一个富有进取心和攻击性的CEO，能够有效地使用这些资源，透彻地理解和分析得到的信息——这才是这个时代最需要的。

- 现在还没有一套商业价值观念体系，能同时被经济学教授所理解、被商学院学生所接受、为企业领导人所欢迎、并被商业机构当作强制执行的规范。失去了道德规范的指引，企业丑闻能够引起的惟一后果就是雇员和投资者的震惊。

3 战争如审计

　　当企业界正逐渐从一连串的丑闻阴影中走出时，当玛莎·斯图尔特①还在为自己的内线交易行为苦苦辩解时，你是否想知道我们的军队是如何证明他们的竞争力和市场优势，并保证股东的利益的？如果你想的话，请把战争看成一种特别耗费精力的审计形式，然后再来看看美军在2003年1月与伊拉克军队作战所取得的成果吧。

　　美国政府派出由海军、陆军、空军和海军陆战队组成的庞大联合军队，全军总人数超过25万，浩浩荡荡开到了地球的另一端。当所有外交手段都失效以后，军队就发动了具有毁灭性的空中轰炸，美军的空中打击以精确性和强大的破坏性闻名于世。还没有在伊拉克首都展开新一轮狂轰滥炸，甚至没有等到第一轮轰炸的尘埃落定，地面部队就开始向巴格达进发了。在巨大的沙尘暴和长达300英里的天然及人造障碍面前，任何外部势力的进入都将受到阻碍和延迟。在这种情况下，陆军的重装甲军团和海军陆战队转而进入两河河谷，对该地区进行了大规模的打击。就算受到这样闪电般的攻击，一些非正规的伊拉克部队仍然表现出令人吃惊的顽强。他们利用灵活的战术，或渗透，或诱骗，总之是用尽一切可用的办法，对美军造成最大的伤害并扰乱美军的补给线。

---

　　①　美国著名女性创业家，于2001年底卷入内线交易案。——译者注

但那对战争最后的结果没有造成丝毫的影响。将那些非正规的对抗力量留给后继部队之后，美军第三机械步兵师与海军陆战队第一远征队组成一个钳形①，分别从西北和东南两个方向往伊拉克首都巴格达突进。在他们的前方，有四个师兵力的伊拉克共和国卫队已经严阵以待。这是萨达姆手上惟一可用的牌了，只有这支部队才有可能对美军造成大量伤亡，延迟对手的胜利的日期。这样才能为俄罗斯、沙特阿拉伯和法国等国际斡旋力量提供舞台，确保萨达姆政权能够生存下去。

但是让所有人都没有想到的是，伊拉克的独裁者没有让这些装甲部队收缩回到巴格达，转入让美军难受的巷战，反而将他们陈列在开阔的沙漠上，与美军正面相对。这已经成为现代军事史上最不恰当的决策之一。不过在当时这一行为普遍被认为是一种"战术滞留"，于是美军装甲部队开始结集，准备发出最后的一击，就好像老虎全身蓄力，准备对自己的猎物发起致命一击一样。与此同时，空军也已经将共和国卫队锁定为自己的打击目标。在此后的三天内，他们的任务就是简单地将精确制导的炮弹投向敌军。

轰炸之后，陆军各师开始向前突进，对敌军残余势力进行扫荡，随后带着战俘闪电般进入巴格达。同历史上著名的战役，包括杰克逊指挥的钱瑟勒斯维尔战役，还有德军横扫法国的闪电战相比，美军在这次行动中的推进速度更快；同美军历史上任何一次相似的行动相比，这次行动的伤亡人数则为历史最低。但是，如果还有什么不同的话，那就是美军闪电般的推进速度，精湛的作战技巧以及强大的战斗力，很容易让人们得出这样的结论，这场战争在开始之前就已经注定了伊拉克的失败，美军的胜利只是走一个形式而已，这根本就不是一个级别上的对抗。事实确实是这样，但是原因却并不是你所想的那样。自从第一次海湾战争结束以来，世人对美军专业能力的低估已经成为一种趋势。更糟糕的是，提出这些观点的多数是一些不太懂军事的媒体和个人，而真正中肯的军事观点却得不到广泛的宣传，因此，也就不难理解公众为什么偶尔会提出一些荒谬的观点了，例

---

① 钳形攻击阵形是军事行动中令敌方部队受到来自两翼及前方的攻击的战略。——译者注

如，"不是因为美军太强大，只是对手太弱了"。从波斯尼亚返回国内后不久，我便看到了这一点，原来我们取得的成功有时也会成为一种沉重的包袱。如果撇开军事行动上的一点点困难不谈，事情一直都还是进展得很顺利的，以至于连我们的盟友和支持者们都很不理解，为什么我们还要留在那里。

对大规模杀伤性武器的搜索、最初发动战争的动机、伊拉克战后重建的巨大花费以及占领伊拉克之后军队与游击力量之间的冲突，这些永无休止的问题越来越严重了。由于美军的伤亡情况在战争胜利之后还没有稳定下来，这些问题变得格外引人注目，它们成为了美军痛苦的来源，事情的发展方向与过去熟悉的情况越来越远，这让士兵们无所适从。第一，就像士兵们通常对同伴所说的那样，战争也许是地狱，但在这个该死的地方，和平也是一种痛苦。用稍微文雅一些的方式来说，就是：冲突是永远存在的，所以对一支在高科技含量的机动化战争中被美军击败的军队来说，寻求更复杂的、科技含量较低的游击战战术来对付美军，那是再正常不过的事情了。

伊拉克人的游击行动对美国军方的决策者而言是一种磨难，他们本想在巴格达获得一个漂亮的大捷，就和 1944 年在法国取得的胜利一样——不过他们可能忘了，在欢迎胜利者方面法国人要更有经验一些。其实，对那些期望获得永恒胜利的人而言，这正是一支清醒剂。无论是在体育竞技场还是在商界中，历史都呈现出另一种规律：胜利意味着即将被超越。在战场上尤其是这样。拿破仑对这个规律的理解就十分透彻，如果他能早一点明白"从崇高到荒谬只有一步之遥"，而不是快到莫斯科的时候才领悟到，那么他肯定早就搬兵回国了。对于美军这次行动，中肯的评价是这样：尽管遭到一些后知后觉的批评，美国军队的行为仍然配得上精锐之师的称号。随着他们足迹的延伸，中东的版图发生了改变，这一地区的地缘政治现实也发生了一些变化——当然变化既有好的也有坏的。

虽然在许多人心目中美军都是不可战胜的，但美军对萨达姆政权取得的胜利其实远不像预想中的那样干脆利索。美军地面部队在巴格达的作战方式几乎与他们的前辈们在沙漠风暴行动中的方式完全一样，只不过他们更多仰仗了自己的运动战优势，兵种之间的配合更加紧密默契，武器的精

37

确性也更加让人胆寒，不再像过去那样只是靠压倒性的数量优势去打击对手。也许最好的改变是，美军的将领们已经从克林顿时期零伤亡和零缺陷（zero defects）的幻想中清醒过来。

这里仍然以波斯尼亚作为例子。早在1996年，我就已经看到零伤亡和零缺陷的思想在微管理（micromanagement）的名义下出现。在美军的战斗分遣队中，士兵们有一个习惯，他们喜欢在下午六点看一个叫BUB（Battle Update Briefing，最新战况简报）的简报。没有战事的时候，BUB通常会以令人作呕的形式（例如，使用120页以上的幻灯片）来宣传这个思想。他们报道陆军军营生活中的方方面面，并引用每一个他们能够想到的统计数据——从沙袋、军队亲情电话和照明设施的数量到士兵配给口粮的消耗总量，不一而足。由此引发的指挥官和士兵们之间的讨论可以持续数小时之久。更为夸张的是，远在德国的更高一级指挥部偶尔也会向战地发来一些诸如此类的，无关痛痒的东西。有时候庄严而神圣的BUB晚间仪式也会被从华盛顿打来的电话打断，打电话的人想证实某些媒体关于战争的报道是否属实，看看加诸我们身上的报道与真实情况是否有偏差。这再次证明了一个古老的战争法则，战场上的人往往最后才知道发生了什么。

进入巴格达之后，再回过头去看那些日子，感觉就像噩梦一般。现在，人们似乎重新认识到了胆识、经验（当然是指面对敌人的经验）和强烈的进取心在战争中的作用。那么美军的胜利真的是令人惊讶的吗？除非你不知道应该用什么标准来评价，这也正是媒体进行时事分析时常常被忽略的事实：胜利与否仅对某些基本的军事原则来说是确定的，这些军事原则往往很容易把战场上的胜者和败者区分开来，不过从其他方面来讨论胜负则是仁者见仁，智者见智了。

所以对这场攻占巴格达的时间远远低于预定的三周时间的胜利，很有必要找出其胜利的根源。这里面的经验和教训同样也值得美国的商界人士仔细聆听并多加体会。本章中提及的事例都是为了讨论具体的美国军队建制，这是常常被不清楚细节的广大媒体和精英所误解的，事实上我们的建军思路并不是单纯追求能够取得最后战争的胜利。列举这些事例也是要说明军队如何保持自己本机构的价值体系，尤其是当他们面临一个自己不喜欢的领导者时。要调整自己适应快速变化的竞争环境，还要面对过去的成功和外部胁迫的双重压力，我们的军队在这种情况下做得非常成功。这真是关于转变的最好范例了，对每一个面临挑战的商界领导人而言，他山之石，可以攻玉，这个例子也很有借鉴作用。在本章中，我们要强调客观存在的困难，和通向胜利之门的钥匙，正是它带来了我们在伊拉克的胜利。所以请记住这些经验：无论是在商业活动中还是在战场上，基本原则都是很重要的，这些原则不会像新闻标题那样一天一变。

挑战与不确定性

我们的话题就从前总统比尔·克林顿开始吧。他在 1993 年秋开始第一次走霉运，最初他的使命是帮助索马里建立一个富足的国度，可是最后却以派遣军队进行了一场索马里战争收场。在这次行动中，美军被授予极其危险的任务，战场上危机重重，到处是无法预知的危险，这在过去的历史中是很少发生的。过去也很少遭遇伤亡 100 人以上的艰难战役，但在这次就遇到了。在这种情况下，政府中没有任何人，包括克林顿总统，能够在美国民众尚未关注到此事时主动站出来与他们交流，告诉他们军队被送上前线是恰当的，或向他们说明这次冒险是为了十分重大的国家利益，至少也应该给出一些合理的目标，或是对目前国家陷入的战争做一个官方的描述，事实上他们什么也没有做。因此一旦觉醒之后，民众便强烈要求得到对这两个问题的直接而简洁的回答：这个目标值得拿国人的生命去冒险吗？我们的军队是否已经准备好战胜遇到的一切敌人？大众惟一能够接受的答案当然是"Yes"。但是从索马里传回来的答案却是"No"，那肯定是一个悲剧。因此，在摩加迪沙（索马里首都）伏击战中，尽管游骑兵部队（ranger）的表现分外英勇，尽管他们也给敌人造成了巨大的伤亡，但在美国国内的新闻报道中，人们仅仅看到索马里暴徒拖着美军尸体游街，他们的闪光点都被索马里暴徒的胜利所掩盖了。不久之后，羞愧难当的克林顿总统便草草发布军令让驻扎在索马里的美军全部撤出了这片伤心地。

从很多方面来看，克林顿都没有从这次惨败中获得什么教训，因为索

不战则亡

首席执行官的战争备忘录

马里仅是美国一系列对外冒险政策的开端，此后军队又常常被派遣到一些几乎无法在地图上找到的地方进行作战，拿士兵的生命冒险。确实，克林顿的国务卿马德琳·奥尔布赖特（Madeleine Albright）以及新政府的其他主要官员都热衷于玩一种叫"瓦多在哪里"（Where's Waldo）的游戏，到处搜捕美国政府眼中的他国危险分子，而忽略了所有"长久战略利益"的概念。从索马里到海地，再到后来的波斯尼亚和科索沃，更不用说与伊拉克间歇性的政治冲突，附带着象征性巡航导弹轰炸，和轰炸后的新闻发布会，对美国军队而言，这真是贫穷而困难的几年。非常奇怪的是，倾向于支持克林顿对外政策的激进主义者们常常也认同反映政府执政基调的采购列表。"这就是为了节约，蠢货。"军队已经看到自己的兵力与海湾战争时期相比被削减了 30%，但他们的执行军务的频度却比那时候高了整整 300%。所有服役人员都得对他们称为"采购假日"（procurement holiday）的问题保持着忍耐，就好像大萧条时期的术语"银行假日"（bank holiday）一样，"采购假日"有效地说明了因为缺乏资金而引起的武器缺乏和设施陈旧，成为大规模换防的障碍。

但是这也是考察军队坚韧程度的一个好时机；同时，军队内部的价值体系能否忍受"冷战"与沙漠风暴战争胜利带来的诱惑以及贫穷的折磨，也可以在此时得到考验。结果他们一直坚持下来了。事实上美军在阿富汗战争以及伊拉克自由运动①中胜利的根源就产生于 20 世纪 90 年代。在苏联分崩离析之后，我们就没有真正的战略对手了。因此，当 90 年代早期苏军官员到华盛顿参加美国政策制定会议时，我们还有一种十分新鲜的感觉。在这些人中，一个我们都认为是强硬派的苏方军官在回答观众提问时显得痛苦而又谨慎。在会议休息期间，我的一个陆军同事（是一个步兵）走上前挽住这个苏联人的手臂，祝贺他的演讲成功，不过这位老兄同时又说："你知道，当大家是敌人时我更喜欢你们一些。但是你们现在却成了另一个阳痿的盟国，就好像德国人，甚至和法国人差不多。"

不管是盟友还是其他国家，起初都对美军在 1991 年波斯湾的海湾战

---

① 即第二次海湾战争。——译者注

争中表现出的能力艳羡不已。但是对于身着制服的服役军人来说，更重要的是在过去的战斗中寻找能够影响未来战争的经验和教训。对此奉献最为显著的其中一人是威廉·佩里博士，他是一个令人信服的技术专家，在国防问题方面具备世间罕有的才华。索马里战败后不久，他走马上任，成为新的国防部长。在最早关于第一次海湾战争的分析文章中，有一篇相当有影响力的就是他的大作，那是在他入主五角大楼之后所写的，向人们阐述了那次战争中未被提及的一些重大意义。在那篇文章中，佩里认为在海湾战争中，美军对敌军享有一敌一千的绝对优势，主要表现在美军武器装备的顶级性能，这些信息化武器原本是为了与华约集团的精锐军队一决雌雄而研发的。接着，他暗示说，美国在三个紧密联系的领域有着决定性的优势，这三个领域是：指挥（Command），控制（Control），以及通信和情报（Communications and Intelligence），即通常所说的 C3I 系统，包括隐形轰炸机在内的强大空中打击力量以及对精确指导武器的使用。

所有这些领域的共同特点就是对信息的依赖：敌方和我方地理位置都必须清清楚楚，除此以外为了让武器能够毫无偏差地找到目标，还需要更多的实时数据。现在这些信息化武器早以不同形式普及到军中每一个单位。海军的战斧式巡航导弹就是闻名于天下的一个例子，在巴格达的战斗中，它精确地按照预先编制的弹道沿着街道飞行，然后砸在目标之上，吨量级的导弹弹头引起阵阵惊天巨响。还有陆军的艾布拉姆斯坦克部队，他们具有让人胆寒的速度和致命的攻击力量，这支部队与伊拉克共和国卫队的坦克会战，是自库尔斯克战役①以来规模最大的一次装甲战役，美军在这次战役中重创敌军，他们利用热成像探测装置和激光导航系统，在 3000米之外就发动了第一轮的攻击。当伊拉克人发现美军装甲车踪迹的时候，通常也就是他们的坦克变成火球，炮塔被击落沙中的时候。

当然我们也有一些问题：五角大楼也许是世界上惟一一个能把爱国心、偏执狂和精神分裂症完美结合在一起的地方。在伊拉克战争胜利后没

---

① 前苏联中俄罗斯丘陵西南部城市，1943 年德军和俄军在这里发生了历史上最大规模的坦克会战。——译者注

有狂喜多久，他们就转而开始关注信息化武器特有的弱点。在现代军队中，计算机的使用范围前所未有地广泛，因此飞速增长的黑客入侵行为成为最令人担忧的问题。以五角大楼良好的作风，通常会组建一个工作小组以研究信息战中涌现的问题。这个小组会迅速投入到工作中来，首先拿出一个工作描述，确保所有组员都清楚即将讨论的问题的范围和类别。在经过多次协商和调节之后，工作小组将得到这样的工作描述。然后按照工作流程，应该把这一工作成果列为最高机密，最终有效地实现工作小组的所有目标。（这是一个有缺陷的工作程序，它显然违反了《五角大楼作战官员聘用基本章程》的第十条："永远也不可能让每个人在每件事上都达成一致，所以请在任何行动中都尽量减少与别人协商的次数，否则导致的结果就是一无所成。"）

不过在威廉·佩里的描述中，使用信息科技本身就会带来一些严峻的制度上的挑战。如果美军总是站在"军事改革"阵地的前沿，而这样的革命又依赖于信息自由流动的话，那么抓住这次革命的潮流意味着整个国防建制将面临长久的缺陷：那就是配置在全军四个军种之间，总数达 5000—10000 个的指挥与控制系统，它们之间缺乏协同工作的能力。现在一致性已经成为最基本的一个国防要求，但是军队历史上的许多例子可以说明推广一套标准的难度有多大。这些例子包括对服装款式、铁路规格、武器配件甚至是枪炮口径的标准化尝试，每一个都困难重重。由于陆军、海军、空军以及海军陆战队都是早于信息时代而存在的，因此很自然地，他们各自拥有自己的信息采集系统，当然，方式是大体相同的，也都使用几乎相同的代理和程序去采购坦克、船只、战斗机和水陆两栖汽车。

各自为政带来的后果是，对于获取最新的信息技术来为自己的终端服务，各军种都没有特别强烈的要求。就算面对反复的劝说，他们仍然不愿做出改变，拒绝让昂贵、陈旧的老系统退休。然而协同工作的能力既是值得拥有又完全是一种非强迫性的义务，就好像礼拜天进行的教堂义务服务，或者是购买汽车时昂贵的可选配件（如真皮套椅或者遮阳篷顶），当预算紧张时那是首先被剔出采购清单的东西。事情发展的最后结果是，随着各代微处理器之间协同工作和联合作业的能力越来越强，各大军种不可避免地分离得越来越远。因此，在投入战斗以后，问题不断涌现，深深地困扰着我们的军队。在索马里战争中，普通的人事、情报和财政事务都依靠十个不同的业务特定数据系统来处理，而所有十个系统都在支持调度的狭窄信息通道中争夺空间。

更糟糕的是：协同工作的问题还让我们想起了1994年在伊拉克北部发生的一个悲剧，在那个事件中，两架陆军的黑鹰直升机因为空军飞行员的错误判断而被自己人击落，造成26人死亡。

用更少的资源做更多的事

军队各军种都同时生活在三个不同的时间维度中：如果历史代表协同工作问题的根源，而未来的诱人前景在妩媚地向他们招手，那么他们该做的是付出巨大努力来应付现在。维和任务与人道主义任务的数量与日俱增，我们与原属苏联加盟共和国的新兴国家在军队之间的接触也越来越广泛，这一切都迫使五角大楼用越来越少的资源去做越来越多的事情。但是像佩里博士这样令人尊敬的学者不可能哪儿都有，因此军人们与占少数的文职官员相处时，他们之间显著的文化分歧偶尔会成为两者合作的一种障碍。早先在政府部门工作的时候，我曾在宾夕法尼亚州陆军的卡莱尔军营参加过一个讨论会，在窗明几净的新建军事演习中心，一个30岁上下关注环境问题的助理秘书向我们描述着她刚整理的一个陆军新计划，她的发言内容让我入了迷。整个计划大概是，将陆军旧坦克的外壳拆卸下来，拖到海中，在那里这些废品可以成为热带鱼的栖息地。她结束了自己的演讲之后开始接受听众提问。第一个问问题的是一个看上去很不安的装甲军团上校："你想对我们的坦克做什么？"他咆哮着问，"为了那些该死的鱼就把它们丢到海里？"最终我们控制住了他的情绪，让他安静了下来，不过我想他是不会在这件事上轻易罢休的。这就是军人与环保主义者们相处的生活，后者似乎把军队看成了一个穿着军装的西拉俱乐部。①

---

① 美国十分有名的环保组织。——译者注

就在这样的背景下，在整个 20 世纪 90 年代美军度过了一段和平而又小有烦恼的岁月，与他们随后在阿富汗战争和伊拉克战争中所表现出的高水平战斗力形成了鲜明对比。从很多方面来说，对于军队将领们在那段波澜不惊的岁月中所面临的两难境地，商业领导人也能从中学到一些东西：

- 经营预算日益增加的压力造成现代化项目缺乏资金；
- 由外部资源决定的竞争战略重点；
- 技术上的不确定性——包括以下疑虑：（1）什么技术在实践中管用；（2）什么技术在实质上是先进的；（3）改变达到什么程度会显得过犹不及，这些改变对整个机构的领导层、文化和结构有什么作用？

在美国，民主党和共和党无时无刻不在争吵，这也是美国政治体系的特性使然。前者声称美国军队是在前总统克林顿的精心培养下，才有能力投入到未来的战斗中去的；相反，共和党人却坚持认为，"9·11"事件以后一切才开始好转，而这正是布什总统的功劳。双方都有一点道理，但是我们还要回忆一下在第二章提到的内容，然后在这里说明一下，无论是让军队加快现代化进程，还是让糟糕的策略毁掉所有的军事力量，那都需要国会和总统双方的共同努力。

不过下面列举的三个因素也许能够很好地揭开隐藏在军队 90 年代成功改革后面的秘密。现在，就把他们奉为打开胜利之门的钥匙吧，不管是商界还是军队的领导人，如果你决心获得胜利，请牢记这些指示：

1. 有创造团队合作和协同工作的理想和战略眼光，这样的工作方式要远远优于传统的单打独斗的方式，也强于区域性的狭隘技术选择；

2. 有果断的应变能力，能够制定清晰的团队工作流程，联合所有工作单位，让他们行动一致，并挖掘出特种部队的新用途，应对新的任务；

3. 领导层基本上恢复了传统的指挥艺术，并注意到技术革新引起的微管理的不足。

这三个因素并不是凭空产生的，每一个的存在都与其他两个有关，并且对每一个方面的第一次尝试都没有完全取得成功，但是军队确立了一个长远的目标，他们有能力朝着这个目标不断前进。并且，与过去一样，这些改革无疑受到了军队自身价值体系的影响，在这个价值体系中占主导地位的是为国效力的认识，以及由这个主导认识决定的对军队的忠诚和其他一些次要思想。

战略眼光

如果一个公司足够大，历史也足够悠久的话，那么它一定会拥有自己的企业文化——例如福特公司和摩托罗拉公司。作为古老的机构，陆军、海军和海军陆战队以及空军显得有些与众不同，它们不仅拥有独特的制服和文化，还有各自不同的战略观点，分别以地上力量、海上力量和空中力量为主。这不仅仅概括了各军种的建军风格，在他们的心中也引起了关于何为国家安全的关键的争论。身为陆军的一分子，我会告诉你，"陆地上沾满泥土的靴子"才是最终的战斗力量，当你可以进入敌人的军官俱乐部喝杯啤酒时，你也就赢得了战争的胜利；海军（还有海军陆战队）则认为美国从本质上来说是一个海军大国；当然，空军也有自己的想法，除非为了在其他军种面前保持礼貌，否则他们会告诉你，空军才是 20 世纪战争中的决定性力量，在 21 世纪将更是如此。如果这些不同的世界观没有被推至极端的话，对美国以强权姿态处理世界事务将是很有用处的。但是美军军费短缺，各军种之间仍然存在一些分歧，在军事采购优先级争夺上也展开了全面的竞争，当这一切联系到一起的时候，问题就变得与协同工作的噩梦一样，真的开始失控了。事实上，各军种之间的关系就好像中国人对问题婚姻的一种经典描述：同床异梦。

不过新的共同愿景还是必要的，因此五角大楼从 20 世纪 90 年代开始就在论证军事改革的可行性，要知道，军事改革承载了非凡的重要性。首先你应该了解，于军队而言，一个军事改革就与商业中的"夺命应用"

（killer app）一般，那是在性能上的质的飞跃，能够赋予你一种凌驾所有对手之上的无与伦比的优势，例如，第二次世界大战初期德军的闪电战术，以及战争后期美国的原子弹。关于军事改革的理论多种多样，但是多数支持者都对下面这个观点深表认同：信息化能够把美军原本优秀的不同军队建制融合成为一个新的战争机器，威力远远大于将各军种力量简单相加的总和。在可行性辩论中大家都使出了浑身解数，这让人联想起先辈们激烈的争论。那时候新式武器（包括坦克、远程轰炸机、航空母舰以及潜水艇等等）的提倡者为了能在第一次世界大战或第二次世界大战中占据优势而据理力争。在一些颇具影响力的文章和书籍中，一些军队领导人，如参谋长联席会议前副主席、海军上将比尔·欧文斯，认为信息时代的到来为一个古老的真理——知识就是力量赋予了新的意义。他认为，对军队广泛的信息来源而言，国家应该进行合理的组织以便于信息的快速查找。"在军事行动中，仅当知识能够被传达至可以使用它的作战部队时，它才是力量，不过这一能力需要通信网络的支持……这正是美军军事改革的内容。"

海军一直都有不喜欢和其他军种合作的传统。五角大楼有一个历史悠久的笑话，讲的就是这个："赢了就自大，输了就板脸，不输不赢就不知道该怎么办了。"现在却能看到好几个海军上将如欧文斯、杰里·塔特尔还有亚瑟·塞布鲁斯基等，致力于联合信息共享的探索。塔特尔在任时期，"空间战与电子战"成为海军的主要任务；而塞布鲁斯基则提出了"网络中心战争"的概念，侧重强调一个紧密相连的网络的重要性，这个网络可能会包括作战地域上广泛分布的飞机、船只和坦克。

就好像玻璃碎片在岩石滩上能越磨越光滑一样，政策，尤其是国防政策，常常是由许多思路经过筛选、演变而来的，这是一个必需的过程。由于军事改革辩论的进行、参谋长联席会议的影响日益增大，以及信息革命带来的深刻影响，这个变革方案终于获得人们的支持。在20世纪90年代中期，克林顿总统的第一个参谋长联席会议主席约翰·沙利卡什维利将军签署了《2010联合设想》，该文件以五角大楼一贯的模糊的文风写道："这是以实用为基础的，对海陆空三军的发展。"不过这倒给了大家一个再明显不过的信号，急切要求全军在机动性、精确交战能力、保护性武器以及后勤等方面的联合合作上进行跨越式的发展。老将军在发言时有些单词的发音与他多年的习惯很不一样，意在强调这份联合设想将会成为各个军种的基准，同时也将成为建立美好未来的战斗指挥部。

最后一点才是最根本的，因为长久以来政府为了各军种能够协同工作或协同作战，做出了反复尝试，为了统一全军而出台了许多法律和法规。那些法律法规虽然没有遭到公然的反抗，但它们得到的待遇也常常是阳奉阴违的顺从。"军队不可能公开违抗我们，因为文书工作对他们而言是个很重的担子"，当多年前我第一次进行指挥与控制的调查时，一个军中行政人员对我这样抱怨到。不过现在事情变了，并不是因为强迫他们执行更加严格的标准，也不是因为更高程度的中央集权。相反，是军事改革的诱人前景，以及联合军事机构在军中越来越高的威信，成为驱赶军队前进的"胡萝卜"和"大棒"。

在20世纪90年代晚期，许多具体事务的执行都开始变得顺利起来，因为各军种对联合实现协同工作的集团通信工程越来越认真了。就像金·凯瑞的电影《王牌特派员》（The Cable Guy）中的梦魇一样，协同工作也包括许多必须统一的琐碎内容：装备、波形数据、通信协议、路径和标准等，甚至连普通的电脑术语和编程语言都包括在其中。这些东西很难懂，然而却和子弹半径必须与枪支口径相匹配一样重要。与许多不可预知的事情的发展过程一样，当战争在另一个半球不期而至时，这些成就才进一步显现出了它们的重要性。

积极果断的应变能力

就军事改革的重要性而言，五角大楼称之为最想打的一场战争，继续进行这样浩大的行动是不会有错误的。在这次伊拉克战争中，军队配备了更加先进的高科技设备和武器，各军种分别执行他们比较擅长的任务，这简直就是沙漠风暴的一个改进版本。20世纪90年代是不平常的十年，在使这十年变得不平常的事件中，还有发生在其他两个领域的巨大进步：提高各军种在军事行动层面上的协同合作；大幅度提高美军特种作战部队的战斗力。这两方面的努力都有很重大的意义，因为这需要在低科技含量的前提下一步一步艰难地前进，并且远离社会舞台的聚光灯，不为大众所知。

军队的一些信条原则也是阻隔它们与国民交流的原因之一。事实上，除非你是在天主教堂长大的，否则怎么也要花上一段时间才能理解军队中这些原则有多么普遍和深入。在过去，那些原则是获得学识的源泉，现在则成为个人行为能否被同行接受的可靠指南，在将来也将不可避免地成为一种指示。但无论是短期还是长期存在的机构，在对原则的形成和运用上常常都会有一些后天不足。参谋长联席会议副主席，海军上将大卫·耶利米（David Jeremiah）特别喜欢讲牧师为著名政治哲学家马基雅维利（Niccolo Machiavelli，1469—1527）作临终祈祷的故事。由于教堂教义的要求，牧师不停地催促马基雅维利与魔鬼断绝关系，并为自己的罪过忏悔——当然此君什么都没有答应。当牧师一遍又一遍地重复他的要求直至最后一遍时，马基雅维利终于张开了双眼，他看着牧师，说："神父，我就快要死了。这不是制造新敌人的时候。"

在美国历史上，很长一段时间都没有指导各军种之间活动关系的原则和信条，仅有一些相关的非正式惯例，当军种之间由于命运驱使必须协同工作时，这些惯例就派上了用场。基于马基雅维利的理解，第一准则就是避免制造敌人；每个军种都不希望产生内部矛盾，当它们真的很需要同其他军种配合时，只好尽量避免面对艰难选择。一直到了1986年，《戈德华特·尼科尔斯法案》（Goldwater-Nichols Act）在国会通过以后，参谋长联席会议主席的权力才得到加强，该会议也被赋予了制定联合法律原则的职权，现在这些法律原则正在得到系统的完善和细化。这一变化的内在原因是一些新的地缘政治事实的出现，简言之就是竞争空间发生了变化。军队不能再指望我们的敌人能像苏军那样凡事但求稳定化处理，在处理很多不可预知的全球危机时，我们常常需要到难以到达的地方去，这就要求派遣的军队规模尽可能小，军种之间的协同作战能力的要求就随之提高。发生在波斯湾的海湾战争及其结果清楚地显示了我们身上不断出现的纰漏：误伤事件、后勤问题和短程空中力量支持等等。而且忽然间又多出了新的任务，那被我们看做是"上门送餐服务"，包括人道主义援助、帮助运送发放药品和组织非战斗人员撤离。所有这些工作不仅要求有更好的协作能力，还要我们抓住一些长期令人困扰的难题："谁是主管？"就好像在这一时期某人所写的评论："经过时间的推移，事实已经证明，仅在战时存在的协作关系效果越来越差……有必要在和平时期开拓一套全新的、对危机时期有益的指挥系统。"

一旦投入行动，军队的整个官僚机构便再也无需过多动员。到 20 世纪 90 年代中期，关于联合合作原则的出版物已经有数百种之多，其中也有好几百页厚的著作。当新的行动标准流程即将出台之时，对美军联合作战部队的呼声也越来越高。1995 年我为美军的索马里任务写一份研究报告，惊奇地发现联合特遣部队继在摩加迪沙的战场上崭露头角之后，后来又被重新组织起来参加过 12 次以上的重大行动——从伊拉克禁飞区管制到美国中西部的洪水救灾。另一件过去的稀罕事——联合军事演习，在 20 世纪 90 年代中期也开始大踏步地发展起来。在你仔细审视过这些进展之后，很可能会对其中很多进步都不以为然，尤其是在许多联合出版物不堪阅读的文字水平下。然而，美军确实正缓慢地建造着团队合作的新纪元，最基本的原则和信条的制定、训练、演习以及真枪实弹的联合行动，都在系统地发展之中，并得到相互强化和提高。与协同工作能力一样，这些过程十分的艰难，而且从很大程度上来说都是远离大众视线的。实际的效果就有点像一场注定有人要受伤的橄榄球赛。每一个队员都必须做好准备，在球场上拟定方案，然后在暂停的时候与大家制定战术，上场后让四分卫在后面指挥阵形变化，并让所有队员立刻明白该做什么，以及该在什么时候做。

与联合合作原则一样，美军特种作战部队在 20 世纪 90 年代的发展也表明了美国对多变的环境做出的一种隐藏得很好的果断调整。纵观历史的发展，从美国独立战争到诺曼底的霍克角悬崖战役，再到 1986 年《戈德华特·尼科尔斯法案》的通过，美军的特种作战部队成为事实上的第五个军种。特种作战部队有自己的指挥体系、国防部部长助理和独立的经济预算权，他们的主要任务是进行反恐战争以及传统的常规军队不适合承担的一些任务。国会为了改善特种作战部队与常规部队之间众所周知的不良关系，还特意做了一些非常规的安排，将特种作战部队的力量分散到陆军、海军和空军中去。（在组织建制上，海军陆战队并不隶属于特种作战部队，但却拥有与特种作战部队相当的功能。）

结果从一开始就注定了，按照他们算计的那样，一支军队被肢解了。如果与特种作战部队的一些高级军官交谈，他们会用十分自信的语调告诉你，他们管理的是世界上承担危险最多的一批人。他们所做的事情通常是不为人所知的，他们是美国最好的军人，常常到最危险的地方去执行最困难的任务。1996年我赴波斯尼亚执行军务之前，曾到北卡罗来纳州的布拉格军营参加训练，当时特种部队的一个家伙用一支伯莱塔9mm口径手枪就向我证明了他们的实力。他谦逊而又沉默寡言，只是告诉我，是最近的一个任务要求他熟练使用手枪。看着他漫不经心地拔枪，随随便便就创造了射击的奇迹，简直可以同水牛比尔①一较高低了。我随意地抛着军装口袋里的硬币，平静地问他："你常常练习射击吗？""呃，一天也才1000次左右吧，"他谨慎地回答道，停顿五秒钟之后，他又追加了一句："在周末当然会更多一些。"

他们的长官也是很独特的一类人，其中一位长官就曾经这样对我说："不进行这么多训练就别指望他们在解决问题的时候能有进取心和创造性。"一些特种作战部队的军官们认为他们的军队文化与其他军种相比更加倾向实际行动一些，他们的训练是为了接受危机考验，而不是为了避开这些危机。"如果你总是在找一堆清单的话，那么你不属于特种作战部队；如果不知为何你到这儿来了，那么你可能也坚持不了太长时间。"也许就是因为这些原因吧，在克林顿执政时期，新的苛刻任务不断加入到军队任务表中时，特种作战部队发现自己成为一支越来越受重用的部队。在四星上将卡尔·斯汀纳的著作《影子武士》（*Shadow Warrior*）中，他向我们展示了特种作战部队流利的外语水平和深厚的外国文化修养，这帮助他们在阿富汗的人道主义排雷任务中做出了正确的选择，也有助于他们在非洲进行危机处理，协助塞拉利昂、刚果和利比里亚的非战斗人员撤离，以及在

---

① 美国西部的神枪手，极富冒险精神。——译者注

其他国家进行的训练军队的任务。

　　从 1996 年开始，由于美军不断插手巴尔干半岛事务，才为特种作战部队提供了几乎是连续作战的机会。他们在前南斯拉夫复杂的环境中表现出了高超的政治和军事水平。由于习惯于在敌军后方单独行动，因此他们是维和任务最好的选择。当美军常规军队在重装甲车的护送下执行完任务离开后，他们便开始以小组为单位在波斯尼亚的中心地带履行职责。他们还担当了训练本土军队的重任，与"前敌对集团"的军队紧密地联系在一起。经过一段时间的努力之后，巴尔干半岛的特种作战部队分遣队与他们的常规军战友、主要的美国情报和对外政策机构，还有联合政府（他们的支持对以后的工作而言是很重要的）都建立了坚实的相互信任基础，这是非常关键的。所有这些事情都发生在预算很紧张的时候，新的需求每天都会从天而降……没有谁能预测到战争会否发生在我们头上。而当它真的发生时，特种作战部队这把紧紧握在联合军队手中的利剑已成为决定性的武器之一。

领导能力

　　领导权在任何一支军队中都是最基本的工具，有时候他们会命令士兵向烈火熊熊的山坡冲锋，这样做没有其他原因，仅仅是为了培养士兵服从命令的品质。把军队看做一种领导能力的实验室，首先考察军事院校，然后追踪一个军官在整个职业生涯中的指挥足迹，你会对领导力的重要性有一些新的认识。不过由于领导能力是一种很主观的东西，通常是由一个指挥官去评价另一个指挥官，因此要进行有意义的推广还是很困难的。经历过 20 世纪 90 年代军旅生活的人，虽然对上述的原则很清楚，但下面的几件事大多还是可以完全肯定的：军队在 20 世纪 90 年代中晚期经历了一场领导危机；危机发生的征兆是难以察觉的，但是也绝不会弄错；最后危机的解决同样是依靠一种难以察觉到的方式，这主要归功于军队内部的价值体系。

　　前面已经提过美军在波斯尼亚普遍存在的微管理问题，还有其他显现出糟糕的领导能力的事例。最不寻常的一个问题是，总有那么多的客人来拜访我们，别忘了这里仍是一个战区。通常在每个月的头几天和最后几天人都会比较多。我一直对这种现象非常不解，直到一个财政官向我透露了其中的奥秘我才恍然大悟。他们认为让值勤人员在战区有效地工作一天可以让其免除整个月的劳累。因此有了按时到访的访问者，这下你明白了吗？

还有一个表现微管理文化的好例子。主人公是一个指挥官，隶属于一个联合分遣队。我们与他手下的一个分队同时出来巡逻，他为他的军用无线电设备有限的覆盖范围而向我们道歉，并补充说，对美国的通信联络官而言配备一个军用卫星电话是十分必要的，那样就可以定期将巡逻过程报告传送回指挥部，甚至还可以听到当天晚上的最新战况简报。我们哄然大笑，不过他却认为，如果他的长官真的这样密切监督手下，那他们一定会很累的，"因为我们的惯例是，相信下级能够做出正确选择是长官准备高升的最好方法"。我点点头，并努力控制自己避免举止失措，因为我的同伴是一个俄罗斯伞兵部队的军官。在整个"冷战"时期，我们都认为瘫痪苏联作战单位的最好办法就是杀掉他们的高级长官，谁都知道他们的下级不会用自己的脑袋思考问题。

但是，由于近年来美军大量应用诱人的现代科学技术，像幻灯片、卫星电话还有不断增加带宽的宽带网络等，在军官群体中产生了一种不易察觉的苏维埃化倾向。回到国内之后，我注意到当日一起在波斯尼亚战斗的两个优秀旅级指挥官，未能晋升海军上将，最后被迫选择退休——这更加深了我对这种领导文化的不安。那两个军官都曾经是很优秀的军队领导人啊，但他们当中一人在主管一个事故调查小组时坚持披露一些不合时宜的真相；而另一个同样太过正直，说的话又恰好被记者听到。这真让人悲伤，每个人都这样想。

这个问题有多普遍呢？在 1998 年到 1999 年间，我参加了 CSIS（the Center for Strategic and International Studies，美国战略与国际问题研究中心）主持的一个研究课题，该课题对 12500 个不同军种不同性别的军人进行了调查，旨在了解指挥风气和军队文化。由于讨论会上有很多将军和军队高级官员在场，因此课题结论所使用的语言也经过了仔细的挑选。但这些文字还是很有杀伤力的：

> 今天，外部竞争压力……使培养、训练和鼓舞军队的军官们的任务变得更加复杂。一些长期存在的组织上的不完善——领导问题或是微管理的倾向——在这种压力下茁壮成长。对所有军人和他们的家庭而言，在这样的时刻穿上军服真是令人沮丧……尽管现在比起越战那段艰苦的岁月要好……如今，美军在自身文化上面临着严重的潜在裂痕，这将给未来的作战能力带来危害。

那冷静的评价在当时还是吸引了一些人的注意——但这对我来说并没有得到半点安慰，因为这证实了我观察得到的多数结论——尽管我的观察方式更有局限性。在会场上的所有人中谁也没有想到，"未来的作战能力"居然会在仅仅 18 个月后就要在残酷的战场上接受考验。但是，不管这些可怕的趋势有多么的真实和惹人烦恼，都应该是在 2001 年 9 月 11 日之前的事情，在那以后不知道为什么，美国军队悠久的领导文化使我们的军队再一次准备好接受战争的挑战。这一切是怎么发生的呢？

很多直接的显而易见的答案可能都是对的，但现在关于入侵伊拉克（原因是和谈的困难和对大规模杀伤性武器的搜寻未果）后果的报道已经严重阻碍了我们的思索。仅仅可以推测，领导文化这一决定未来胜负的至关重要的法宝之所以幸存下来，最好的解释莫过于：这与制度上的基本价值体系有很大关系。对国家和机构的忠诚、对尽心尽力工作的个人承诺以及风雨后总是彩虹的不变信仰，这一切都是很重要的。

战争审计中的试算表

本书写到这里时，参谋长联席会议派出的工作小组以及几个主要的美军战斗指挥部，正好凑在一起分析和总结反萨达姆政权战争所获得的经验和教训；同一时刻，萨达姆原来的追随者们却仍用游击战苦苦地纠缠着美军不放。我也是经历过这种"总结经验教训"过程的老兵，所以我认为，就算提出假设性的评价也应该要小心谨慎。不过支配战争发展的最重要的要素并没有什么改变，这些要素也许就是商界最感兴趣的东西了。现在将它们逐条列出，分别讨论。但要记住它们之间是有紧密联系的。

1. **革命发生了** 事实证明，预言军事改革终将到来的人是对的。然而，这种革命究竟有多先进呢？在军事史中我们已经多次看到武器的精确性的重要地位。在最近一次，信息化与精确制导武器的联姻大大地提高了攻击的精确性，将打击目标的风险降到了最低，有助于降低战时平民伤亡。在商业活动中也是这样：精确的市场定位、准确的商业计划、正确的商业策略，这一切因为信息革命而得到了保证，同时令你比其他竞争者更有智慧。

2. **如果你引导得法的话，协同合作也将成为事实** 正如军事改革倡导者对信息共享的描述那样，它已被证明是竞争力的生命源泉。第一次海湾战争时期，在各军种及其各作战单位间要花上几小时甚至几天才能实现完全共享的信息，现在我只要几秒钟就能做到。在战争末期的一次以萨达姆为目标的空中打击行动中，从最初传感器发回报告到飞行员将最后一枚炸弹投向地面目标，前后只用了40分钟。在沙漠上快速推进的装甲纵队，可以通过战术互联网络相互联系，也可以同他们的指挥总部以及联合部队的其他单位通信，这简直就是隆美尔非洲军队的现代化版本。商业界也深受信息壁垒的影响，而且信息在任何需要的地方都流通得很好——在经营者手中除外。然而，信息共享能够点石成金啊——如今这可是屡试不爽的一个战略了——无论是在商业活动中还是在战争中。

3. **团队合作** 有很多团队合作的例子，其中最重要的一个例子是不久前由海军陆战队重型部队和陆军共同发起的钳形攻击战，分别从西南和东北两个方向直捣巴格达。还有很多联合合作促成的小规模胜利，包括战斗人员搜救行动以及战区导弹防御的成功。但海军一架F—18战斗机造成的爱国者导弹误伤事件显示，我们还有提高的空间，不过这也不能遮盖我们所取得的合作上的进步。

我在商业界的同行们不会在这里发表什么意见，这是当然的，因为他们正在花大把银子聘请无数顾问，而顾问们将要告诉他们的毫无疑问是：团队合作很重要。团队合作当然是重要的，但是效率低下的团队合作的危害在战争中比在商业活动中要来得更加直接、更具破坏性。

4. **运用特殊手段** 对于特种作战部队的非凡事迹，尽管我们都有所了解，但那只是他们做过的一小部分，大部分英雄事迹我们都还不知道。首先说一说在伊拉克自由运动中没有发生的灾难：以色列没有遭受从伊拉克西部发起的飞毛腿导弹袭击；没有上次那么多的油田被点燃；大坝没有开闸将洪水放到下游。所有这些没有发生的灾难都公认是特种作战部队在战争中杰出奉献的代表。特种部队与美国空降师在伊拉克北部的联合行动同样有很重要的意义，这场战役美军投入的力量最小，却令库尔德人战胜了萨达姆的顽固支持者。这些暂时性的胜利已经给人留下了非常深刻的印象，可以肯定的是，特种作战部队最终的胜仗记录一定比这些要长得多。

5. **任务型的命令** 几句话很难把伊拉克战争中军官们的领导能力和20世纪90年代军队领导力之间的差别说明白。进入伊拉克的美军地面部队不仅有速度和胆识，还有很多优秀的指挥官，他们随时准备发布命令而不是机械地等待命令。"与敌人作战，不是与计划作战！"这是美军地面部队指挥官戴维·麦基尔南常常重复的一个战斗口号。只要手上有了更多更准确的信息，下级的指挥官们就可以更加了解他们上司的意图，用更加灵活的"任务指挥"原则，将这些意图转化为完全反映多变战况的任务型命令。

其他更加特殊的领导技巧和信息时代的工具将在接下来的几章介绍。不过现在请先回忆一下伊拉克战争取得胜利的几个关键要素——战略眼光、团队合作还有以价值体系为指导的优秀领导层——在商界它们同样能够创造奇迹，特殊的军事手段和指挥原则对商业界来说则太过专业了。但那些原则具体地说明了一个著名军事原理，那就是"兵贵神速"，这样的概念对于一个商人来说应该是不难理解的。策略、团队合作、领导能力、行动速度比对手更强的求胜欲望，在很多种形式的竞赛中这些都是区分胜负的关键因素。在伊拉克是这样——在美国商界的每一天也都是这样。

作 战 计 划

任务目标

取得伊拉克战争胜利的几个关键要素是战略眼光、团队合作精神还有以价值体系为驱动力的优秀领导层——这些要素在商界同样能够创造奇迹。

- 军界领导人在难关中的两难境地：行动预算造成的压力日益增加、竞争战略重点的选择问题、技术上的不确定性，还有对改革过头造成过犹不及的结果的疑虑。商界领导人能够从中学到很多东西。
- 无论是军界还是商界，都有通向胜利之门的三把钥匙：（1）有创造团队合作精神的战略眼光，能够放弃单打独斗的传统思想；（2）创造团队精神的过程中要有果断的应变能力；（3）具有真材实料的领导能力的领导层，而不是依赖于高科技的微管理。
- 领导权在任何一支军队中都是最基本的工具，有时候他们会命令士兵向燃烧着大火的山坡冲锋，这样做没有其他原因，仅仅是为了培养士兵服从命令的品质。
- 在伊拉克战争中，信息化和精确制导武器的结合，对目标造成最大限度的打击，同时使得平民伤亡的风险降到最小。在商业活动中也是如此：精确的市场定位、准确的商业计划以及正确的商业策略，这一切因为信息革命而得到了保证，同时令你比其他竞争者更有智慧。

- 商业界也深受信息壁垒的影响，而且信息在任何需要的地方都流通得很好——在经营者手中除外。然而，信息共享能够点石成金啊——如今这可是屡试不爽的一个战略了——无论是在商业活动中还是在战争中。

- 只要手上有了更多、更准确的信息，下级的指挥官们就可以更加透彻地了解上司的意图，用更加灵活的"任务指挥"原则，将这些意图转化为完全反映变化迅捷的战场（或商场）情况的任务型命令。

- 策略、团队合作、领导能力还有行动速度，在很多种形式的竞赛中通常都是区分胜负的关键因素之一，除此之外还需要你有比对手更强的求胜欲望。在伊拉克是这样——在美国商界的每一天也都是这样。

4 塑造管理者的个人品质

如果领导者不关心真理，如果道德不是被放在第一位的行为基础，那么领导者也许会根据其他标准做出决策，这种决策的结果通常都是很糟糕的。仅有伦理敏感度是远远不够的，如果领导者认为那里产生了伦理问题，他们就必须判断什么是正确的。这就需要进行一些伦理判断——即根据一系列伦理标准分辨哪种行为是最合理的……如果缺乏行动的魄力，缺乏做正确抉择的勇气……那么所有伦理认识和判断都是没有意义的……高风亮节的领导者，他们的道德魄力表现在不断做出艰难而正确的决定，摒弃轻松却错误的选择。

《军校领导者培养系统》，美国陆军军官学校（USMA）
传阅文件 1—101（2002 年 6 月）第 29 页

本章讨论的主题是领导能力，我们将介绍军界如何培养领导人才，并讨论其中对商界有益的经验和教训。在传统商学院，领导能力的学习可以与商业界的价值体系完全分离。与此相反，军事机构认为领导才能和个人品质是密不可分的，这种才能应该在军官的整个军事生涯中得到系统强化和不断提高。伟大的领导者就好像伟大的运动员一样，具有某些特别的品质，可以称之为非凡的个人魅力、战略家的敏锐眼光或不凡的气质（想想登陆日的艾森豪威尔或者大萧条时期的富兰克林·德兰诺·罗斯福，你就可略知一二）。然而我们的军事学院、后勤学校和战争研究学会的任务是把每个军官的潜力挖掘出来，并让其得到更好的发展，锻造出品格、管理才能、领导力和勇气俱佳的人才，这才是国家派遣子民出征时所希望看到的。

本章开头从美国陆军军官学校（西点军校）领导者手册上摘录的文字简洁地说明了这个目的，同时也否定了这样一个貌似正确的观点：现有的道德规范仅仅是我们达到更高层次道德水平的一个不必要障碍而已。与之相对，商学院的主流观念则可以通过一部卡通片《纽约客》（New Yorker）来进行总结。这部卡通片我非常喜欢，片中有一个平凡的小个子男人和平凡的小个子妻子，他们一起坐在一个普通的小沙发上，男人说："我生得矮小，我也从来没有长高，但我仍然非常希望能长高些。"在我们的军事机构中，伟大从来都不是偶然的。如果到西点的健身房去做运动，你会在入口的大石上看见道格拉斯·麦克阿瑟（Douglas MacArthur）刻在上面的名言："这里的不流血战争是其他战争的预演。总有一天，它会为我们带来胜利的果实。"能理解吗？

因为人们永远也不可能预先知道任何一种"其他战争"会在什么时候出现，所以整个教育过程必须是一丝不苟、高强度而且持续不断的。你可能没有听过陆军少校巴斯特·哈根贝克的名字，他是陆军第十山地师的指挥官。在"9·11"事件发生几个月之后，他领导了旨在打击阿富汗塔利班组织和基地组织的军事行动。这就是"水蟒行动"。在世界上地形最险恶、充满了积雪和岩石的地区，国家的勇士们面对的是拼命跟踪并想消灭他们的敌人。他归国后我们曾促膝长谈，交谈中他提到的多数是他那些士兵的所作所为，他们的英雄气概以及士兵们带给他的自豪感。在他讲述的所有事迹中最令人感动的，是一位年轻中士自愿坚守雪地岗位的故事。那个位置是一个暴露在寒冷中，却能够有力掩护战友、反击敌方狙击手的最佳战略点。第二天，当这个中士在敌人的火力压制之下胜利归来时，他的体温已经降到了华氏 93 度。① 我问他，第十山地师在世界海拔如此之高处顺利完成了任务，保证这次行动成功完成的最关键要素是什么？哈根贝克毫不犹豫地说："是我和兄弟们之间的信任和忠诚。"瞧，这就是我们所说的实际行动中的价值体系。

相反，就算是只花 5 分钟的时间去了解商业领导学的理论，例如，他们宣扬的上帝已死、信仰无用等看法，都纯粹是在浪费时间。其实我们的方法才是一种节省时间的选择，不可否认，这可能带有一些偏见，不过仔细体会那些理论，你很难从中发现什么有实用价值的东西。就像欣赏一个很有趣的笑话，但如果真要把它付诸行动，那肯定是单调乏味且没有意义的。先不谈商业界的观念如何忽视价值体系的重要性，除此之外他们还有一个很明显很严重的缺陷，从军队那里他们可以借鉴到相关的、最有价值的经验教训：领导能力需要在整个职业生涯中反复进行系统地灌输、发展和强化。如果缺少对这个基本原理的明确理解，那么所有所谓"揭示伟大企业家领导秘诀"的书籍都只不过是在为作者填满荷包而已。

毫不奇怪，在 2001 年到 2003 年间企业界道德沦丧的问题出现之后，人们就一直在思考，究竟是什么地方出了问题？当然我们也得到了一些答案。下面就是大家想到的五种可能性：

1. **是因为管理风气变坏了吗**　很多分析家曾经将目光投向已经倒闭的安然，他们都很想知道在安然发生的悲剧会不会在其他公司重演。很令人遗憾，答案似乎是肯定的。最主要的问题是什么呢？是能否建立一个至少在理论上允许公司成员说真话的企业。

　　如果对员工平时的小错误（例如，操作失误或是由于人性的缺点而造成的轻微错误），领导层的态度都十分严厉，那么公司将不可避免地变成滋生欺骗提供土壤的温床。人们掩盖事实真相的原因通常并不是因为他们不诚实，而是因为他们很明智：既然说

---

① 即摄氏 33 度。——译者注

实话会引来杀身之祸，哪个傻瓜还会去说真话？

2. **忽视所有有关价值体系的政策是明智之举吗** 阿德里安·萨维奇 (Adrian Savage) 是美国 PNA 公司 (Prima North America, Inc) 的总裁，他对 200 位业绩优秀的主管进行了调查，目的是了解在所谓的天才领导人中普遍认可的领导价值体系是什么。他发现最受认可的两种价值是：业绩水平和成功程度，这也是最容易被"过去的非理性行为"所扭曲的两种价值，容易刺激成功的欲望，令其不断膨胀，迅速脱离控制，并且完全蒙蔽其他两种被广泛认可的价值：公平和正直，通常后两种价值可以让事情保持某种平衡。那么要如何解决这个问题呢？

主管作为一个庞大的群体，其中绝大部分人在一定组织背景下对什么是恰当的行为都有一整套清晰的标准。让他们保持理智行为的是这些内部标准，而不是证券及交易委员会（SEC）或者国会制定的法规。当然，他们锐意进取的脚步会因为顾及到破坏自己的"良好企业"形象而有所阻滞，不过影响十分有限。

3. **新的法律和法规真的能够解决问题吗** 在为了改善企业会计标准而通过《萨班斯·奥克斯利法案》①的那几个年头，一些分析家们才后知后觉地想起，我们究竟有没有把对脉，问对诊：

《萨班斯·奥克斯利法案》要求企业制定新的审计标准和董事会保证程序。随之而来的结果是，公司提供的财务报告的真实度和可信度得到巨大改善，并保护了投资者和潜在投资人的利益，打消了他们的疑虑。这看起来不坏……（但是）该法案是为恢复审计信用而设计的，而我们真正需要恢复的是对领导层的信任。《萨班斯·奥克斯利法案》所做的补救仅仅针对信用崩溃的表象，而不是其根源。首席执行官需要的不是委员会成员也不是行为规范，而是魄力。那应该从什么地方去寻找呢？（增加的重点）

---

① 该法案于 2002 年 7 月通过，旨在强化信息披露、监管责任、内部控制和外部审计。——译者注

一个很重要的问题：能不能在商学院中寻找商业领导人需要的东西？我们把工商业领导者视为国家未来的财富，是不是也应该对他们的成长过程进行一个迟来已久的复查呢？以为我是在开玩笑？试想，如果让肩负重大责任的飞行员接受商业领导者所受的训练，你还敢乘坐他们驾驶的飞机吗？对，我也不会坐的。

4. 我对诺贝尔奖不感兴趣，你不知道钱的魅力　美国的商学院在道德和智慧上已经迷失了，再也没有什么能比米尔顿·弗里德曼（Milton Friedman）的这段话更能反映这种状况了：

我认为商业伦理这种东西根本不存在。一个公司不会比一座建筑更讲伦理。只有人才讲道德。我认为大学并不是培养道德的地方，家庭、小学和中学才是。不幸的是，在小学和中学，道德教育覆盖的范围已经越来越小。

弗里德曼教授这位才华横溢又富有热情的演讲家碰巧曾受邀到西点军校为军官和学员们演讲，当时我也在场。学员们喜爱他的风格，但他们对于经济学甚至是生活本身都了解得不多。所以弗里德曼对自由市场的精简高效谈论得越多，这个市场似乎就越优越。在次日的课堂上，我提醒他们：他们是在美国最为公开的社会主义性质的机构中学习，每个人都在领取津贴，也有一只不太"无形的手"在告诉他们每天该穿什么制服以及该把窗帘卷起多高。如果不能理解一个基本的原则，他们接受的教育也将是不完整的，那就是：当经济学家对你说话时，微笑但不要倾听。如果用定期做礼拜这种方法来加强早期的宗教训练是有意义的，那么在一个人的商业生涯中坚持基础道德教育并定期加强，又有什么好奇怪的呢？尤其是现在以及未来国家的商业精英，理应具有更高的道德水准。难道你忘了在课堂上学的"个人品质决定命运"这个道理了吗？

5. 仅仅是商学院的教员会议　除了对经济学家的普遍怨言，人们对商学院的道德问题主要还有两点不满。首先是伦理课程安排得太少，大量的伦理课程内容只能占用少得可怜的时间，同时却不负责任地把另外一些课程高估得和伦理课一样重要。还有更糟的事情：国立大学和商学院中所安排的道德教育，在很大程度上都受限于国家的政治意识。在这种情形下，伦理被各种各样的企业"社会责任"所充斥，任何关于企业价值体系和伦理的难题都没有得到认真思考。珍惜环境、保护既得利益，保持企业在种族、民族、语言和区域上的整体协调性，这些压倒一切的任务使得原来富有人性的人不再做出具有挑战性的选择，因为那样的选择需要真正以价值体系为基础的领导思想。政治意识侵蚀伦理道德的一个最好例子——你当然猜得到——那就是安然公司，安然风力公司曾经是世界上最大的风力发电运营商之一。态度严肃的人们听到这个消息肯定可以吐一口气：无论是京都议定书还是肯尼斯·雷①所施的诡计最终都无法使这个子公司免于解体。

军官培养体系：总览

在军队训练和教育体系中几乎所有的位置我都曾待过——从义务兵到国家战争学院的院长——因为这个，我对民间机构培养领导者的方式的观点恐怕不会受到人们的欢迎。任何一位民间人士也很难接受陆军、海军、空军以及海军陆战队在训练上花费大量时间以及领导能力在每个阶段的课程中占有重要地位的现实。在军队，最基本的要求是：你既要做好准备随时开始全身心地完成纳税人需要你做的工作，又要为纳税人（或者是纳税人的代言人）要你干的下一件事做好准备。

作为一名军官，其成长过程大概是这样的：

- 参军，获得军官资格，第一次服役（第3年到第4年）；
- 连级专业课程（4个月到6个月），之后是第二次服役（第6年到

---

① 安然公司最后一任首席执行官。——译者注

第 8 年）；

- 实战级别的选拔，高级军事训练，以及实战服役（第 9 年到第 12 年）；
- 第二次实战训练，选拔指挥官（相当于营长），进入战争学院（第 13 年到第 18 年）；
- 选拔和训练高级指挥官（相当于旅长；第 18 年到第 22 年）；
- 司令官选拔，特别训练及实战（第 23 年到第 30 年）。

　　每一个独立的军种都可能要求军官额外具有某些特别的专业能力。但请注意所有军种的军官都有很多时间被花在了学校里，在这里，领导力的研习总是以这样或那样的方式成为课程的核心。这些研习一般包括实际战争战术策略的详尽历史分析。尤其是在连级水平的训练中，特别安排了分组讨论的时间以进行细节上的剖析。在更高级别的学习中，历史名将指挥的战役将被详细地解读；在战争学院，所有课程都在灌输最伟大的思想家关于军事理论与实践的著作。我们很容易看出军官培养系统的基本原则：系统性。这意味着领导能力的学习是需要不断进行评价、衡量和强化的，是时刻不能遗忘的。

　　那么一位军官如何才能得到机会的垂青呢？这就要看培养体系的其他部门了，他们建立了一个锐意进取的"领导能力实验室"，在这里，选拔、培养及最后的提升都取决于军官个人的表现，而且这种要求也越来越苛刻。为晋升营级指挥官做准备的最好方法是在连级指挥中保持有力的指挥记录，并且多与营级的主要官员来往。军官们每年至少要作一次成绩评级，主要依据这个评级来评价他或她现在的表现以及将来进步的潜力。这些评级的主要检验项目是什么？这个军官现在的领导水平如何？他以后的领导能力值得我们期待吗？

　　我们中的大多数人只能对当年年轻的乔治·马歇尔①获得的评级眼红

---

① 第二次世界大战后美国援助欧洲的马歇尔计划发起人，也是惟一荣获诺贝尔和平奖的职业军人。——译者注

了，那时候军官的评级并没有这么多不确定性，也少有对说实话的避讳。"你希望这位军官在战斗中成为你的属下吗？"在回答这个问题时，马歇尔的考官回答得坦白而惊人："是的，但是我更希望成为他的属下。"结果证明这不仅是恰当的评估，而且还是一个准确的预言！

军事领导层中的十诫

在考虑军队领导经验中商界可能愿意借鉴的教益时，我当然不希望谈论那些众所周知的东西。比如说："以己之长攻敌之短"，这是显而易见的，一般读者的眼睛在这里都只会一扫而过。同时，把战争学校里教授的所有领导学原理提炼成简单的真知灼见，既不可能也无必要。因为种种限制，我只提供几个原则，当然也不能说这些原则是全面或总是有效的。它们都是从我过去的经历中学到的，被我的 MSNBC 同事和军界战友们笑称为我的职业生涯。

第一诫：把标准当回事

作为成长于征兵制流行时期的一代人，我对个人领导能力最清晰的印象可能来自于我们的基础训练的教官。我们了解他是从他的称谓开始的，虽然他鼓励我们用姓互相称呼：他是教官，而我们是猪头士兵，但大家都叫他哈里（即"魔鬼"）戴维斯。想像一下《一位军官和一位绅士》（An Officer and a Gentleman）里的路易斯·戈赛特，然后把他的残忍扩大 10 倍，那就是我们的戴维斯教官了。我 1969 年入伍，当时陆军的情况被我们称为"种族多样化"。实际上，我所在的这个排就反映了这种状况——我们中有大城市来的强壮黑人、白人矿工的儿子和少数的中产阶级，以及完全不理解后备军官训练队真正含义的大学生（就像我一样）。哈里与描写军旅生活的小说中教官的典型形象十分吻合。他确实无法忽视我们的肤色、我们的背景，或者我们给他带来的一系列不幸。刚开始，我们都只是虚有其表，其实什么也不会。而他的使命就是让我们超越自我，变成合格的军人。于是他做了一个残忍的决定，让我们从凌晨四点一直训练到晚上，直到他感觉累了为止。还记得有这么一件事，那是一个黑人小伙子当着戴维斯教官的面称他为兄弟，我甚至无法向正派的读者们叙述当时的情景。那确实是一个错误，没有人再敢这样做了，因为戴维斯教官根本不相信公平这回事儿——情况甚至比那还糟糕。我们是处于最底层的新兵，而他在最高处——一个有战争经验的老兵，理所应当成为激励我们的长官。但是，他怎么会激励我们！他是我遇到过的最粗暴的监工，每天都以令人痛不欲生的高标准来要求我们训练。但是渐渐地大家意识到一个客观的事实，本来我们排有可能变成随时都会发生种族冲突的状态，在那些日子里这是常有的事，但在戴维斯教官的指挥下，我们太忙、太累，也太害怕他，以至于除了做一个好士兵以外，别的什么也干不了。

在毕业那天，戴维斯教官开车载我去司令部取一些人事记录。和教官这样一起去兜风的感觉怪怪的，我本来是负责注意查看前方道路的，大概是早上八点钟，戴维斯教官自顾自地从汽车小柜子里拿出一个装满劣质威士忌或是其他酒的长颈瓶，用牙把瓶塞咬开，痛饮了一口，然后，什么话也没说，把瓶子递给了我。就在那个时候，我知道我得到了哈里的尊重。我是一个军人了。换作现在，我们也许会被方方面面的人指责滥用酒精。但在那个时候，痛饮那样危险的物品象征着我成功了、达到标准了。这种象征对我的意义比陆军可以提供的任何典礼都重要得多。

第二诫：任务第一，然后是你的下属，最后才是你自己

在我军旅生涯的早期，关于军队如何培养军事领导者我已经获得了一些基本经验。我刚从大学毕业就被征募到了军官后备学校。这里是陆军安置大学毕业生并将他们培养成为可以指挥战斗的军官的地方。这里有一种激励机制，让我们时刻保持注意力：每隔两周你就要对自己和排里其他人在领导能力上的表现进行一次评估和考核。当这种"刺刀般的评估"的结果出来之后，排名在最后20%的人将会在第二天早上被开除。

在军官后备学校的最初日子里，我带领一个排在维吉尼亚洪水泛滥的野外进行行军演习。我们经过一条正在涨水的小河，我弯下身子想拉一个伙计过河，这时候我的头盔掉了。现在，弄丢陆军托付给你的装备是一件很糟糕的事情，要是在军官后备学校，这就说明你的失职。排里的其他伙伴都理解我的困境，也都了解事情的严重性。于是，我们一起寻找那个丢失的头盔。但是 15 分钟后，我们发现头盔是根本不可能找到了。所以我果断决定立刻上路，继续行军。

不久我们到达小路的尽头，任务也就结束了，不过战术指挥官正等着我们——他双手叉着腰，显得有些不满：我们迟到了。当我解释发生了什么事时，我得到了一个很惨重却很有价值的教训，这使我明白了什么才能成就一位领导者。丢掉我的头盔是糟糕的，但因此影响到执行任务就是不可原谅的。在实战中，迟到和分散对目标的注意力都足以令人丧命。头盔可以再购置，但人命和任务绝对没有第二次。作为一位领导者有时候也意味着应该把这些东西放在自己的利益之上，如果我不能明白这个道理，那我就应该重新考虑一下，是否能够成为联邦军队的军官了。

第三诫：领导者应对目标抱有清晰的认识，并设定一个较高的标准，然后付诸执行——同时要求周围的人也这样做

我是在几年后学到这一点的，那时候我在德国做一名反情报军官。我们这个小组负责强化陆军各单位的安全程序，而这些单位散布在原西德的广阔国土上。我们的问题在于，我们的指挥官认为大家应当多做一些，树立一个好的榜样。为此，他布置了一连串的黎明前行动，目的在于预防不锁保险箱以及类似的安全漏洞出现。我是我们营的安全官，某天凌晨两点一个电话把我叫醒，电话里面的人告诉我，我们营将成为突击检查的目标之一——而我必须迅速赶到司令部。几分钟后我赶到了，不过身着半身便装，而且很不整齐。又过了几分钟，我们的营长杰伊·帕克（Jay Parker）中校，身着熨得很平整的制服出现了，军服上的奖章闪着金光，散发出冷静的自信，这明显表明他就是主管人。后来我发现，他是另一位升迁迅速的陆军军官——科林·鲍威尔的同龄人和密友。

帕克中校迅速缓和了气氛，避免这种尴尬继续下去。"欢迎前来审查，"接着，他强调自己和部下都为我们设置的标准感到自豪。"你们放手去干吧，如果我们有什么可以帮忙的，尽管告诉我们好了；还有，想来杯咖啡吗？"就这样，我们成功地通过了审查，并且从营长那里获得了自信，再也不屑于从任务中退缩。后来，中校私下告诉我们当那个电话突然响起时，他和我一样，从熟睡中惊醒。当他放下电话并告诉太太发生了什么时，她只是沉着地说道："好吧，杰伊，希望你把事情一次做完。"他确实做到了，名副其实。

第四诫：领导者应有危机意识，敢于承担责任并为结果负责——他们的力量和品格都很重要

当危机迫近时，领导能力的重要性才凸显出来。在由美军少将哈罗德·穆尔和约瑟芬·加洛韦合著的《我们曾是年轻的战士》中，有一段关于 1965 年末越南南部德浪河战场的描写，令人难以忘怀。在改编的电影《我们曾是战士》中，梅尔·吉布森扮演的穆尔中校正在为他的战士做战前动员。他的话大概是这样的："瞧，我们正要进入战区。我不能向你们保证你们都可以活着回来。但是，我可以向你们保证，你们当中不会有人被扔在后面，我将第一个出现在战场上，也将是最后一个离开。"在德浪河山谷，穆尔的军队遇到了北越军队中一支比他们大得多的队伍，他们同样有决心和我军战斗到底。电影生动地表现了我们如何取胜并从残酷的战争中幸存下来。但更重要的是，它表明了哈尔·穆尔的领导对战争的部署具有非常重大的意义。那次战役在越战期间及越战之后都对陆军产生了重要的影响，这种影响并不限于我自己或我的军旅生涯，尤其是在陆军同其他组织一样面对着功利主义冲击的时期，它体现了领导力对美国的意义。虽然有时候事情是那样糟糕，但我们从来也不支持今天流行在企业中的人人为自己的风气。

第五诫：如果价值体系不值得人们为之而死，那也不值得为之而活

因为牵涉到战场上的生死相搏的根本利害关系，穆尔的例子也可以用

68

来很好地说明这个原则。我们准备好应对挑战了吗？在一般情况下我们又应如何运用这个价值观念？在戴维·利普斯基（David Lipsky）的新书《绝对美国派：在西点的四年》（*Absolutely American：Four Years at West Point*）中，他描写了当代的西点军校一个连队中的文化冲突，其中一个主要人物是汉克·凯尔瑟中校。在书的开头他是西点军事训练的主管，也百分百是那种可以激励学员的领导者。"我们不知道有什么可以分割我们自由的土地，总有人防守着边界，你总能找到自己的职责。而且你可以像堆柴火一样列举出这个国家的敌人。"

凯尔瑟的一个部下（是一位指导员）由于书写和传送违禁政治邮件（用 PowerPoint 制作的幻灯片）而陷入麻烦之中，人们传言军事法庭将会审判这位指导员。出于维护部下的忠心，凯尔瑟认定，他有义务承担起责任。而且他受到的惩罚可能仅限于批评。事实上他却被解职，并被陆军除名。但正如利普斯基所说：

> 对我来说，汉克·凯尔瑟为那位指导员所做的事情，是对我所理解的西点精神的最有力的诠释。当我把凯尔瑟的故事告诉民间朋友们的时候，常常需要重复一遍，因为他们总会不停地问："等等，难道没有其他人制作这样的幻灯片吗？"是的，领导者总是很爱护他的士兵，他把他们看得比自己还重。

完全正确，无论在战场上还是在会议室里，领导者都必须是下属可靠的支柱，要体现出他能为机构带来什么。

第六诫：有野心是好的——但能够收敛野心将会更好

研究那些伟大将领的生活和事业，有时候不仅可以深入了解如何赢得战争，还可以学到宝贵的领导经验。我们来看看南北战争中两位伟大的指挥家威廉·谢尔曼（William T. Sherman）将军和格兰特（Ulysses S. Grant）将军。在其他将领们都很张扬的年代，他们对待对方的方式以及在收敛野心上所做出的行动都非常有趣。在 1865 年之前，格兰特的职位还在谢尔

69

曼之上，战争结束时，国会为了奖励谢尔曼采取的一项措施，通过了一项授予谢尔曼和格兰特同等军衔的法案。谢尔曼写信给他在俄亥俄州的参议员哥哥约翰·谢尔曼，反对法案中的那条内容。他说：

> 我拥有了我想要的所有军衔，现在对我来说少将和元帅都没有区别。我曾在会战和行军中成功指挥数十万人行动，没有出过一点乱子，这对我的名望来说已经足够了。我现在想要的是悠闲和平静的生活。

非常有意思的是，格兰特也有相应的声明：

> 看到你升迁，没有谁比我更高兴。如果你取代我的位子而我去当你的部属，也不会对我们的私人关系有丝毫影响。我会一如既往尽我所能地实现我们共同的理想。

这两个伟大指挥家之间的关系是一种友情。但是当竞争占主导地位时，友情常常会成为牺牲品，无论是商界还是军界都一样。格兰特的回应说明，对他和谢尔曼来说，理想就是一切。相对的，其他所有事情都只能退居其次。

第七诫：如果收敛野心是好的，忠诚则更好

比起格兰特和谢尔曼来，竞争在罗伯特·李（Robert Lee）和"石墙"杰克逊（Stonewall Jackson）之间也不是什么更严重的问题。当一位同事私下里对杰克逊说李将军很"迟钝"时，杰克逊表示反对，他说：

> 你说李将军很迟钝，只是因为不了解压在他身上的重担和他巨大的责任罢了。他是总司令，他深知兵败如山倒的道理。我认识李将军25年了，他为人很谨慎，这样做是应该的，并不是迟钝。李是个奇才，他是我甘愿盲目跟从的惟一一个人。

就如同格兰特和谢尔曼的例子告诉我们的那样，忠诚和信任都是一个双方面的东西，这也许可以让我们想到一个永恒的真理：善恶皆有报。得知敌军在弗雷德里克斯博格（Frederiksburg）战役中占据优势后，李将军没有发布详细的命令，只是对一个参谋官说："告诉杰克逊将军，他知道怎么像我一样漂亮地对付敌人。"在今天的商业界，信任似乎已经过时，即使存在也是用金钱来表达的，因而李将军的话更值得我们仔细玩味。与同时代（美国联邦和南部邦联的）那些让野心主宰其行为的人们相比，李和杰克逊的故事以及格兰特和谢尔曼的事迹显得更加引人注目。今天我们如此敬重这些绅士，并不仅仅是因为他们的能力，还因为他们不惟利是图的品质。

第八戒：能进行指挥和控制很好——能自我控制更好

德怀特·艾森豪威尔（Dwight D. Eisenhower）和小乔治·巴顿（George S. Patton Jr）可能是现代惟一一对可与格兰特和谢尔曼或罗伯特·李和杰克逊比肩的朋友。艾克①的儿子约翰·艾森豪威尔写了一部非凡的著作《艾克将军：个人追忆》（*General Ike: A Personal Reminiscence*），该书对自我控制问题进行了独到的剖析。总的来说，艾克比巴顿更有自我控制力，而命运和历史又让他扮演了帮助巴顿克服自身缺点的关键角色。这很重要，因为巴顿是万马千军中的领导人物：当情况紧急时，没有人能够比他做得更好更快，但是他又是前所未有地"难以相处"。

艾森豪威尔过去曾担任大使，在诺曼底登陆之前他和巴顿一起到英国进行访问。本来就缺乏自控力的巴顿，在观摩战术演习时完全失去了控制。巴顿认为战士们应该继续奔跑，但一个年轻的士兵却停了下来，我们可以想像一下巴顿将军当时的情形，完全可以用"火冒三丈"来描述他的状态。巴顿对那个可怜的士兵咆哮道："你完全不懂战争的艺术！"事情的高潮（或低潮）在那一刻来临了，年轻的士兵可能一点也

---

① 艾森豪威尔的昵称。——译者注

不想了解什么是战争艺术，他更关心怎样才能幸免于难；他当然也不会去探究巴顿怎么想，怎样远离那个将军才是正事。这个事件的结果是，艾克对他这位天赋奇高而性格乖僻的亲密战友的不理智行为保持出乎常人的平静。

> 如果艾克曾经对巴顿提起过这次失态，那我应该听说过才对，我想他应该是从来都没有提过的。当然，他也不会在任何人面前批评巴顿。我提起这件事只是为了证明，为了帮助他的这个朋友，艾克乐于承受烦恼。因为巴顿最擅长战斗，这当然是要保全的。

上面的话也很好地概括了这两个人之间的关系，比如在意大利发生的著名的打士兵耳光事件，艾克一次又一次地把巴顿从他自己制造的困境中解救出来，让他能继续为盟军的事业而战。这两个人是亲密的朋友，但在这个特殊场合下表现出来的不是友谊，而是艾克对职责的理解。鉴于巴顿的自我控制力，这对他的成功而言是绝对关键的。知道在什么时候应该保持沉默，使艾克当之无愧地成为指挥多国部队的最佳人选，那是一项棘手而又充满纷争的工作。不言自明，多国部队是在各方面力量都自愿加入的前提下组成的特殊集团。有一个懂得自我控制的领导者确保了各国对这个集团的支持。

第九诫：今天能做什么直接取决于昨天做了什么

军队自有一套独一无二的规则和程序，从这一点来看，倒是与其他大型组织和团体没有什么区别。简单地说，就是要想做好任何事情都需要付出很大的努力，就好像一艘航空母舰，要更改航向当然需要更多的时间和空间。不过我更想花点时间来考虑一下制度的变更，无论是在军队还是别的一些机构中，这都类似于出名的大象交配一样：需要付出巨大的努力，需要花很长的时间才能展示出一些令人信服的成果，而且稍有一点做得不对，大象就会一脚把你踩进地狱。

同样的想法被里奇·阿特金森表述得更加精彩，他是《华盛顿邮报》

的记者，也是一位出色的战争史学家。第一次海湾战争刚结束，他就被邀请到西点1991届毕业生的毕业典礼上发表演讲。他的话引起了美国军界的共鸣：

人们开始认为海湾战争的胜利是不费吹灰之力的……其实那并不是轻而易举的事情，早在20多年前我们在越南丛林中就种下了胜利的种子。现在的营长、团长、师长在那次越南战争中分别率领着排、连、营的队伍作战。他们在越战后经历了陆军的艰难时刻，在陆军遭受滥用毒品、种族冲突和军纪混乱的严重困扰时，这些战友仍然保持着对军人这个职业的赤诚。他们开始着手纠正错误、严明军纪、改进训练方法，并树立专业标准，造就了一支杰出的军队，而明天你们就将正式成为他们的一分子。从这个意义上说，波斯湾战争不是持续了24天，而是持续了20年，而且也不是一件轻松的事。

事情可能并不像他说的那么夸张，但还是感谢他的关注。同样也要感谢戴维斯教官、帕克中校，以及其他难以计数的在通往胜利的道路上坚持奋斗、贡献力量的人们，是他们让陆军一步一个脚印地不断成长！

第十诫：永远别写一封你自己都无法答复的信

在20世纪80年代中期，担任初级陆军会议议员的愉快经历使我有机会与一些杰出的军官建立私交，因为议会常常就各种国防政策问题询问他们的意见。其中有一位叫托马斯·穆勒的功勋卓著的海军上将，他的性子很急，从外貌和动作就可以看出他是一个可敬的老水手。现在他已经退休了，完全享有第一修正案赋予他的权利。上将最热衷于给国会提意见，而后者每次都会仔细倾听并记录下来。因此，在1986年3月，穆勒上将便被调到武装机构服务委员会去监督国防部门的重组。

因为这是一个牵涉到国民控制的重大问题，人们要求上将向国会提交报告，说明自己对某些敏感性问题的意见。他照做了，并且叙述了一个令人难忘的故事。那是在艾森豪威尔当政时期，当时的穆勒是海军指挥官、

"二战"中的传奇上将阿利·艾伯特·伯克的助手。为了节约经费，国防部长尼尔·麦克尔罗伊计划停止为海军第一艘弹道导弹潜水艇"北极星"号装配鱼雷。民间分析家们总是这么想：既然有了核导弹，还拿鱼雷来干什么呢？海军有不同的想法，不过伯克将军至少要在名义上服从他的上级文官。幸好海军和另外一位上级文官卡尔·文森有良好的私人关系，他还是众议院军事委员会极有威信的主席。文森给麦克尔罗伊去了一封信，要求他给出合理的解释，并且表明了自己的意见：就跟其他潜艇一样，"北极星"号当然应该配备鱼雷。

按照华盛顿执行公务的惯例，麦克尔罗伊把文森议员的信转给了海军，让他们自己来做合适的回复。穆勒叙述了接下来发生的事：

> 伯克上将叫我来回这封信，它转了一圈又回来了。麦克尔罗伊先生把它签署之后发给了文森先生，文森看了之后，直接发给伯克上将，伯克上将又叫我来回信。这样，我花了6个月时间给自己写信（笑）。那太难了，因为你必须保证写出的不是自己也不能回的信（大笑）。

至今，我领教过各种各样的华盛顿难题，从国会山到五角大楼，甚至还包括各种新闻媒体，可以说颇有些这方面的经验，但从来没听见有人把话说得这么精彩过。

实践原则

西点是一个支持梦想的完美之地，相对于周围的事物和她所要保卫的社会，她常常被描述成宁静的雅典圣域。讨论喧嚣的商业社会信仰时，把她作为参照物也许不是非常合适。除非我们是真诚地向她求教，并且能够清楚地告诉她，自己为模糊的现在和不确定的将来做了什么准备。如果仅仅提供一份简单的备忘录，而未经任何深层次的思考，那么任何一本商业书刊都能为你的答案提供廉价的替代品，你只能继续原地踏步了。但关于编制西点使用的领导能力和领导技巧的备忘录，我实在无法提出任何改进，无论它们是用来培训陆军军人还是用来提醒教职员工什么是领导能力的精要。稍作修改，下面是这个规范中领导者和下属的职责：

- 坚持这个职业的伦理标准；
- 展示在事业上的相互信任与合作；
- 绝不接受和寻求有损他人利益的特权；
- 尊重所有同事的尊严和价值；
- 为自己的个人行为负责；
- 建立清晰且可行的目标和标准；
- 激励和鼓舞下属，尝试建立相互信任的基础；
- 鼓励交流；
- 建立自信心，并给予建设性的工作表现评价。

你恐怕找不到比这更好的领导备忘录了，也不会有任何机构能把他们的领导者职责叙述得如此简洁。在本书列举的有关领导能力的实例中，上述的大多数品质都会有或多或少的体现。回头看看本章开头西点军校传阅文件的摘录，对这种领导理念的深刻认识一定会给你留下鲜明的印象。我们假定学员在完成所给的训练任务时会发生道德冲突，让学员以这种方式接受道德教育是非常重要的，能够使他们在各种情况下做出正确的选择，即使是受到外力压迫，或是正确的选择并不显而易见时也一样。在许多情况下，士兵们面临的不确定性和企业雇员——从邮件管理员到首席执行官——可能面对的没有什么不同。最大的不同之处在于，军人明白答案不在教科书中，而在对确定规范的理解和因长期训练而得以强化的实际应用能力中。这和任何民间的工作有什么不同吗？正确的答案并不总在教科书中，而存在于实际的领导价值体系中，应该被灌输到从邮件管理员到首席执行官的每一个企业成员的心中。

在西点附近，你不可能长时间听不到学员的祷告声。这就像极度不稳定的事业中包含的稳定的道德基石：

让我们选择艰难而正确的道路，而不是作轻松但错误的决定，当真理可全部达成时永远不要满足于只做到一半。赋予我们出于忠诚的勇气，它们都是高尚和珍贵的。让我们耻笑对恶行和不义的妥协，当真理和权利受到威胁时我们要挺身而出。

在政治意识的误导下，礼拜在西点不再是必须的过程。但学员的祷告仍然是道德教育内在的和不可割舍的部分，也是每一个西点人的精神家园。它的精神也许会传播到哈佛商学院，或者更理想的：得到实践。

最后，这里的教益对某些企业主管来说是很有用的，他们似乎生活在没有上帝、没有固定信仰的世界之中；对美国的商学院教授也是很有用的，他们教给学生领导方法，而不培养他们的价值体系观念；还有那些经济学家——作为经济学家，只知道事物的价格而不过问它们的价值。近代史清楚地告诉我们，不知道事物的价值往往会付出巨大的代价。

作 战 计 划

任 务 目 标

我们能够从军事模型中学到的最核心的经验教训是，领导能力需要在一生的职业生涯中系统、反复地灌输、发展和强化。

在传统商学院，领导能力的学习过程可以与商业价值体系完全分离。与此相反，军事机构认为领导才能和个人品质密不可分。

.军队的领导人培养模式是另一个可以稍加更改而用于商学院的地方，这个模式是：找出每一个培养对象的特长和天赋所在，刻意进行培养，并逐步把这些潜质与个人品质、管理技巧、领导能力以及国家对未来栋梁的期望等联系起来。

本书中所提出的领导"十诫"，既非原创，也远远谈不上全面，不过，它们还是很有启发性的：

- 第一诫：把标准当回事儿。在组织一队士兵或一组工人去完成一项重要任务的过程中，建立标准是非常重要的。不要为含糊不清留下任何空间，也不要让下属们产生任何疑虑。
- 第二诫：任务第一，然后考虑你的部下，最后考虑的才是你自己。这是一个非常实在的领导标准，其正确性是显然的，但如果缺乏上下共同的努力，这个标准就万难达到了，不管是在商场还是战场道理都一样。
- 第三诫：领导者对自己的目标要有清晰的认识，并规定一个更高的标准，然后付诸执行——同时要求周围的人也这样做。对此原则的进一步描述为：洞察力、价值体系都很重要；而标准则为无价之宝！
- 第四诫：领导者应具有危机意识，负责指导并要为其结果负责——他们的力量和品格都很重要。哈尔·穆尔在现实生活中说明了这个道理：无论是在战争中还是在商业危机中，优秀的领导能力都是力挽狂澜的法宝。
- 第五诫：如果价值体系不值得人们为之而死，那它也不值得人们为之奋斗。价值体系不是你每天谈论的话题，而是人们每天的具体行动，否则那就不是真正的价值观。
- 第六诫：有进取心是好的——但能够收敛野心将会更好。无论是将领还是首席执行官，个人的雄心都应该放在次要地位，这个目的可以通过自律来达到，也可以借由比你自己厚重得多的价值体系或者事业目标来克服。
- 第七诫：如果收敛野心是好的，忠诚则更好。价值体系中本就应该包括忠诚，它就像个人品质本身一样，是无价之宝。
- 第八诫：接受指挥和控制是不错的——但能够进行自我控制则更好。这与上一点是一样的，不过要更重要一些。结盟的意愿比战时的实际结盟要更重要些。

- 第九诫：今天能做什么直接取决于昨天做了什么。很多重要的进程都是改革性的，而非革命性的。那些长期在自己岗位上尽职尽责的员工对你而言，是不可替代的。
- 第十诫：永远别写一封你自己都无法答复的信。托马斯·穆勒诙谐但经典的警告表达了下面的真理：不要做超出自己能力范围的事情。

第二部分

商业与战争中的领导力

5 战 略

——一切由决策开始

在军事史上，战略是最基本的思想之一。一个战略最起码应该包括：所有重要手段与目的之间关系的描述、对特定目标的描绘还有相应的资源分配。战略的概念也反映了人们对战争的一种理解：当你面对一个智勇双全并且善于总结经验的对手时，战争的双方就包含着一种独特而又相互对立的联系。在战争史上，几乎每一个时代都对军事策略的发展做出了独特的奉献，当代也不例外。今天的军事理论家们突出强调的重要理论有两个：在把基本军事原理运用到其他复杂的事物变化过程中时，战略起的作用是什么？在寻找不同作战条件下的胜利要素时，战略所扮演的角色又是什么？

在这里我们将很快劝服读者撤离商业策略的世界。为什么要这样做呢？因为包括被观察到的领导学特例在内，战略已经被人们研究得非常彻底，但战略体现出来的作用并不比其他大多数商业科学明显。先简单看看下面四种制定企业战略的方式，看看你的公司正在使用哪一种：

1. **聘请战略顾问** 如果真的有这样的会计事务所，它没有建立自己的战略顾问部（即使建立了也没有把这个部门当成主要部门），那么无论这个事务所的规模如何，它在会计事务所的世界中绝对算是一个异类。当然现在也有很多仅依靠战略顾问服务生存的独立公司，"战略外包"（strategy outsourcing）已经成为商业界最热门的新词汇之一。我真心希望进行战略外包交易的双方，无论是公司还是个人，都交好运。他们应该都是些可敬的朋友，按章缴税，也爱护自己的孩子。但是在我看来，那只会让我想起一本伟大的著作：《奥古斯丁法则》（*Augustine's Laws*），该书的作者诺曼·奥古斯丁（Norman Augustine）是洛克希德马丁公司①的前总裁，同时也是一个出色的国防专家。《奥古斯丁法则》中的第 32 条写道："聘请顾问来引导你的研究可能是把难题转化为金钱的绝佳手段，只不过是把你的问题转化为顾问们的金钱。"

2. **"在苏联的最后一个五年计划中都有效的战略在这里也一样有效"**

有一些公司的战略制定表现为将一切都规划得井井有条。它们从始至终都强调，达成领导层的意见一致和引入官僚结构是取得成功的必然前提，只有在这个前提下，公司才能不断得到发展。通过这样的方式制定出来的战略，实际上只是烦琐的行动方案的附带产物，而是否值得为此投入如此巨大的时间和精力还有待商榷。（其实只要稍微估算一下开会花掉的时间，然后用这个数量与单位时间工资以及开会的人数相乘，你就可以得到结论了。）不过最实在的问题是，这样制定出来的战略究竟是否管用？你的经营环境存在着不可避免的变数，就算你的战略初步发挥了效力，你又如何根据这些变化来调整战略，并避免重复那冗长而痛苦的前期制定过程？在这里，奥古斯丁的另一个法则又为我们提供了一个有用的观点："法则第 26 条：如果每一个管理层之上都有过多的管理层来牵制和监督的话，那么可以肯定，灾难离你已经没有多远了。"

3. **今天的战略今天制**　这是与第二种手段完全相对的方法，持有这种观点的人认为战略仅仅是一种随时被更替和改变的事物，除此

---

① 美国著名的武器承包生产商。——译者注

之外别无其他。在他们看来，当有什么事情发生了些微改变的时候，首先要调整的就是战略。你要问我是在发生什么事情的时候？嗯，比如说，当一个新的 CEO 走马上任时；或者公司中某个有点威望的家伙，在《福布斯》（或是在某个有关管理的娱乐新闻）上发现某种当前最流行的管理学时尚时。《财富》杂志的两个分析家将"今天的战略今天制"的做法列为企业最为致命的十大失误之一，他们还列举了凯马特零售公司（Kmart）前任 CEO 查克·科纳韦（Chuck Conaway）的战略失败。在 20 世纪 90 年代晚期，此君上任后尝试着依靠凯马特公司具有传统优势的领域打垮沃尔玛（Wal-Mart），"一个错误就已经足够了"，凯马特此后元气大伤。

4. **把公司的战略制定会议安排如周末休假一般**　如果你真的不太关心战略这种小事，那么与公司 CEO 以及其他上司到一个令人心旷神怡的地方去欢度周末还真是个不错的想法，只不过偶尔会被领导那振奋人心的演讲打断一下而已。对这种模式还可以加上一点变化，只要简单地更改一下议程安排，把公司战略会议调整到董事会与公司高层官员之间年度高尔夫球赛之后举行就可以了。不过我有个忠告：尽管现在这种方法还经常使用，但是它已经渐渐被人们摒弃了，原因是新近通过的《萨班斯·奥克斯利法案》的约束。这样看来似乎还是有人相信企业战略文件的重要性的——如果不是这样的话，他们至少也认为那些文件在将来会很重要。

　　读者是否觉得我这样的想法太过苛刻？或者说我这样的分类太过严格了？因为贵公司制定战略的方法毫不费力地满足了适用性和灵活性的要求？你们的战略能够通过迅速调整来应对市场变化，同时还能让它保持通俗易懂，从复印机操作员到 CEO 秘书都很容易理解？也许贵公司真的办到了，但是过去的记录并不全都那么美妙，现在我们将眼光放到一些优秀管理人才最近所写的伟大著作上来，看看情况如何吧。就拿吉姆·科林斯的《从优秀到卓越》来做例子吧，翻开第一页我们就可以看到这样的阐述：

优秀是卓越的敌人。那也是我们当中成为"卓越"者的人寥寥无几的主要原因之一。我们没有卓越的学校，因为我们有优秀的学校。同样，我们没有卓越的政府，因为我们有优秀的政府。

接下来，他用幽默作家戴夫·巴里的风格写道：我可并不是在拼凑文字呀！但到了两百多页以后，我们看到了有关"宏伟、艰难而大胆的远景目标"的内容，"宏伟、艰难而大胆的远景目标"，显然可好可坏。紧接着"宏伟、艰难而大胆的远景目标"后面的是常见问题解答，当然，里面不可能有这样的问题："为什么还有傻瓜会相信这些东西超过 5 秒钟，愿意在这上面浪费时间？"现在，任何在最近参加过战略会议的人都会告诉你，关于"宏伟、艰难而大胆的远景目标"的讨论贯穿会议始终。因此，面对科林斯的作品在畅销书排行榜上游弋了一年多这个事实，无须我再多说什么，你或多或少也能理解当今商界的主流观念对于管理战略的浅薄和短视了。

战略策划：决策过程

我的批评并不表示我认为世界上就不存在对商业策略另有高见的智者。确实是有这样的高人，托尼·曼宁就是其中一位，他认为企业战略的两个问题是，要么让雇员参与得过多，要么离雇员太远了：

> ……在现实生活中身处高位的人们确实需要考虑一些大问题。他们也许会赞同一些"宏伟、艰难而大胆的远景目标"，然后发布一些夸张的文件和幻灯片，发表蛊惑人心的演说，到那时，往往总会出些差错。他们周围的世界总是在变化的，世界上每分钟都会有事情让你大吃一惊，但它们并不全是惊喜。他们的员工也有不按指示工作的时候，他们伟大的计划可能会得到平庸的回应。就算出现了奇迹，一切都顺利地按计划进行，最终的结果也将是一个错误。

如果在制定战略的过程中加入太多的晦涩的管理学术语，让本来很简单的事情变得难以理解，那么最后的结果很可能变得相当混乱。无论是在军界还是商界，最基本的原理都是相似的。在学术界，标准的决策步骤包括：

- 确立目标或目的；
- 评估和预测外部环境；
- 设计并评估可供选择的行动方案，并分析潜在的风险和利益；
- 选择最好的行动方案；
- 测评行动方案执行过后的结果。

按照这样的步骤制定战略决策，有望产生与"机构的全部决心和活力"相关联的综合计划。

这样做很简单，而另一个与之平行的战略观点，虽然也是类似地用五个句子来表达思路，却复杂多了：

1. **战略情报的搜集和分析**　机构的管理者须对当前以及未来可能的市场走向、竞争局面、技术发展、法规环境以及经济条件等做出总体的评估。他们也必须考察机构内部的某些变化因素：机构的价值体系、实际竞争能力、产品和营销业绩以及曾经尝试过的战略。

2. **战略的表述**　领导小组应分析未来可能出现的结果，然后选择并确立战略轮廓或战略愿景，并确定……九个关键的战略问题……

3. **主要战略计划的制定**　在已经确定战略愿景的基础上，会有大量的（通常有好几百个）计划方案供你选择。为了保证战略最终能被成功贯彻和执行，还有好多工作要做。

4. **战略执行**　将精心制作好的计划拿到手，就应该开始执行了。有很多因素影响到这个计划的成功……许多战略执行起来举步维艰，是因为没有很好地考虑到执行阶段的要求。现在存在着一种趋势，

85

战略愿景越来越难以转化为行动了。

5. **战略的监测、回顾和调整**　要保证你制定的战略拥有持续的功效，就必须对它的执行过程保持经常性的监测……并保持对内部和外部经济指标的监控，以检验基本战略设想是否持续有效和正确。

　　看起来这就好像在黑夜里涉足一片沼泽地，进入战略领域时刚踏出第一步可能很简单，但是一步踏出紧接着就是第二步，以后的道路逐渐变得模糊，沼泽中的水越来越深……那么我们为什么还要继续前进呢？一小部分人还会有些疑问：在周末举行能够鼓动员工的"远景目标"动员会，让这个会议的精神指导商业活动的进行，这种方法难道不是最好的吗？

　　这种想法太丢人了，战略不仅是一种重要的构想，它还是当今商界面对越来越不稳定的竞争环境时，手中必备的一种工具。因此我们必须坦然面对现实，找出在战略方面如此失败的原因，这相当重要。我在这里提出四种可能的主要原因：

1. 如果你们的战略是真实存在的，那么就是战略的决策过程太复杂了，你常常被迫与业余人士一起进行这项工作——至少他们并没有把这个工作当成职业。坦率地说，我们的执行官们的战略修养深浅不一、水平参差不齐。如果他们真能在一套能够实现基本设想的长久战略原则上达成一致的话，那也是极其罕有的情况。

2. 沿用上面的说法，如果你们的战略是真实存在的，那么战略的难点在于选择。由于选择包括区分胜者与败者以及提供相应的资源，因此战略牵涉到的选择都很难决定。那意味着要选择一条生产线而放弃另一条，选择一个部门而放弃另一个部门，难免要承担一些风险。如果这个选择不是那么难以取舍的话，战略难题也就是实力的问题了。

3. 商业情报对战略制定过程而言是很重要的。这门科学对 21 世纪的商业活动来说非常重要，本书第七章将详细与你探讨。现在我们只需注意到当今的商业情报还不太成熟就足够了。并不是没有创造出优秀商业情报系统的能力，实际上是因为商业领导人们不善于利用这个工具，他们甚至怀疑这种工具是否有存在的必要。领导人们不仅未能挑出有用的信息，甚至还没有意识到机会落入聪明又坚定的对手手中的后果。

4. 现代企业的首席执行官们都将注意力集中在短期成果上，它常常通过每季度的资产负债表来体现。"业绩指标"本身就是与各种金融指标联系在一起的，能够影响股票价格，当然也包括 CEO 的工资。就算是私营企业的执行官似乎也总是将业绩与短期表现挂钩。当首席执行官声称他在关注下一年的公司前景时，他其实更关注下一个季度的情况，他更想知道在下一季度如何提高业绩指标。如果我还没有忘记以前学习过的"军队领导者须知的基本定义"，那么那不叫战略，那是战术！

战略：看看几个 CEO 在实践中是怎么做的

比起需要战略知识背景的方法来，一种不需要基础的方法要有意义得多。暂时别去理会理论怎么说，也别管战略顾问计划，你只需要花一小段时间来关注一下几个最好的 CEO 是怎么做的，他们各自制定了什么样的战略，这为他们的公司带来了什么样的变化。

杰弗里·克雷默与许多 CEO 一样，颇为了解商业领导能力的实践意义，他写了一本信息量极大的书，名为《最好的首席执行官们知道些什么》。这本书以七个顶级 CEO 的个人成功经历为主线来布局。其中最著名的一位莫过于赫布·凯莱赫（Herb Kelleher）了，他是美国西南航空公司的前任主席和创建者之一，是很有名的商界领军人物。他是商界普遍法则的一个例外——这样描述他是恰当的，他确实是这样，不仅在很多人都铩羽而归的领域中取得令世人瞩目的成功，而且还将他本人与哈尔·穆尔（Hal Moore）在《兄弟连》（*Band of brothers*）中的领导者形象联系在一起。西南航空公司的员工都愿意跟随他进行斗争，这给大家留下了十分深刻的印象，尽管当时很多员工之所以愿意这样做，是想让 CEO 出丑。

由于赫布·凯莱赫与众不同的个人哲学，他重新定义了公司的企业文化，为创造充满竞争的内部环境奠定了坚实的基础。

西南航空公司的企业文化也许是它最重要的竞争优势。无形的东西远比有形的东西要来得重要，因为你总能够对有形的东西进行模仿。你可以购买飞机，你也可以租用售票台的空间，但对别人而言最困难的事情就是效仿你的员工的精神。

赫布接着谈到了团队精神、雇员对公司的热情和对工作的积极性以及管理者的责任——确保公司上下每一个人都能理解公司下一步的行动，并让他们产生必须完成计划的责任感。

说到这里，你也许会有疑问：上面讲的这些与战略有什么关系？嗯，如果你认为战略与竞争环境的变化没有什么关系的话，那它们确实就没有什么关系了。在 2000 年初，西南航空公司面临一个严重危机，由于能源危机，油价飞涨，公司的生存受到了严重的威胁。也许在其他公司，领导者们已经开始求助于战略顾问了，他们的股票价格也应该开始飞速下跌了。不过可能是连求助于战略顾问的时间都没有吧，相反的，赫布·凯莱赫动员每一个雇员都行动起来，想方设法每天为公司节约 5 美元，如果做到了这一点的话，那么公司在一年内将节约近 5000 万美元。结果所有的员工都积极响应了首席执行官的号召。一些机械技师在这一期间发现了一种可以花更少的钱来预热飞机的方法。而另外一个部门则自愿发起为公司值班的服务。事实上，在最初短短的六个星期，西南航空公司忠诚的员工们就为该公司节省了超过 200 万美元的支出。凯莱赫天才地理解了其他很多人都完全忽略掉的东西：企业文化——一个机构在日常活动中表现出的企业文化正好决定了这个机构的战略走向。无论制定何种战略，企业文化都能对此战略的贯彻执行产生限制作用，也能扩大成功实现该战略的可能性，这是其他任何因素都不能比拟的。

杰弗里·克雷默提到的另一个优秀首席执行官是路易斯·郭士纳

（Louis V. Gerstner Jr），这位商界名人也通过一本成为畅销书的自传来回忆自己的经历，从而获得巨大的声誉。郭士纳取得 IBM（美国国际商用机器公司）的 CEO 职位时，他的前任已经起草了一个将公司分割为许多子公司的计划，这些子公司将成为 IBM 的主体，就好像许多拥有自己封地的男爵一样。以下是郭士纳描述他当时面临的形势：

> 这里（IBM）就好像是一个温室，就像与世隔绝的封闭热带生态系统一样。因此，这里产生了一些十分奇怪的生活形式，是在其他地方不曾有的。

当时的问题是，每一个"男爵"都只了解他们自己那一块的技术，而对公司的其他技术一无所知。飞行了上千英里，与世界上难以计数的 IBM 客户交谈过后，郭士纳开始认识到，公司此时最需要的是完整的商业解决方案，而不是独立的 IBM 技术板块。按照这种理解，他自然而然地确立了 IBM 的新战略及其具体形态：

> 因此我们及时做了决定——那是我的商业生涯中最重要的决定——扭转公司的发展方向，让 IBM 保持为一个整体。这种保持 IBM 完整性的选择（对分割公司而言），可以让我们的产品种类更加丰富，服务更加到位，技术更加精湛，潜在竞争优势变得更大。

想一想这个选择，尤其要注意这样的战略决策过程很可能受到来自公司官僚和其他高层人士的压力。郭士纳刚到 IBM 的时候，他发现公司处于某些人的控制之下，经过不断的亲身调查，他逐渐了解了大概情况。那些子公司（实际上是一些官僚在起作用）都想按照他们计划的步骤将 IBM 分而治之，只有顾客才想要一个完整的 IBM。郭士纳十分聪明，他绕过那些想分家的官僚们，制定了一个基于完整企业竞争力的战略，结果终于让 IBM 起死回生，并赢得了今天的繁荣。

说到伟大的战略家，不得不提到另一个首席执行官，纽约城的前任市长——鲁道夫·朱利亚尼（Rudolph Giuliani）。尽管他不是严格意义上的企业执行官，但是我们的市长却在"9·11"事件之前就领导大家成功地进行了纽约城的改革，留下让人羡慕的政绩。我在西点军校工作，以及后来受聘于 MSNBC 时，都常常到纽约城去执行公务。但是我从来都不清楚这座城市究竟运转得怎么样，更不用说对它的领导层有什么感觉了。无论它的市长做些什么，按照纽约市民们的观念，他都应该为城市变得糟糕而受到责备；而如果某些事情朝着正确的方向发展，则应该归功于纽约人不屈不挠的精神。朱利亚尼很有胆识，他认为自己可以让社区最棘手的问题有所改观，而那个问题就是犯罪问题。每周发生 9000 件至 10000 件严重刑事案件，其中有 1800 件到 2200 个是谋杀案，这样触目惊心的数字出现在任何一个立志为公众服务的官员面前都会让他绝望。然而，朱利亚尼却这样想："我不愿胡乱花工夫改善警察部门了事，我要对这个部门大事改革。"

看，这是多么令人钦佩和值得赞扬的热情啊！不过他具体是怎样实施的呢？也许可以在朱利亚尼本人写的书中关于警察部门改革的章节里面找到一点线索："每个人都应在所有时间中负起责任。"第一步是面向大众广泛征集意见和建议：在警察部门大刀阔斧的改革中，究竟需要做些什么？第二步是监控城市每天的犯罪数据，让警察们可以在犯罪发生之前意识到犯罪倾向，将其扼杀于摇篮之中。最终具体的改革措施描述如下：

> ……我们设置了四个参数，派出专员采集数据并向我汇报。这些数据的搜集是以一天为基本单位的，每周至少搜集一次，同时必须满足规律性、可靠性和可用性的要求。我们还建立了与核心任务相关的 20 个到 40 个业绩指标。常规会议的频率必须保持最低每周一次。警方乐于放在官方网页上的十多个代表性业绩指标也通过网络被展现在公众面前。

一般人不会注意到，朱利亚尼很信任从其他人那里得到的战略（即外购战略）。他所做的是，将民众对"政府应该做什么"的最好想法收为我用，用群众的思想来解决问题，然后用特别的手段来衡量期望和业绩。这种改革方法的结果是，严重刑事犯罪率和谋杀案以及盗窃案的案件数量都直线下降："……事实摆在眼前——纽约城犯罪案件的下降幅度远远高于美国其他城市。我们不仅降低了犯罪率，而且还让它一直保持在很低的水平上。"

上面提到的三个例子体现了用三种截然不同的方法，从不同方向入手制定战略的直接效果。这三个方向是：企业文化（赫布·凯莱赫和西南航空公司），对核心竞争力重新界定（郭士纳与IBM），通过数据监控降低犯罪率（朱利亚尼与纽约警察部门）。不过这些开创性的改革有一些共同特征：

1. 它们都体现了对行动环境变化的战略响应，这些变化可能会威胁到决策者主管的公司或机构的生存；
2. 每个决策者都致力于搜集准确的业务资料，而不是刻意保持全体意见的一致。CEO在改革中处于明显的领导地位，所有的事务都以他为中心开展；
3. 没有在不很重要的事情上大做文章，也没有不完善的措施和空泛的口号。相反，传递到公司（或机构）上下的信号都是明确而清楚无误的。

简而言之：当你处于"不变通就灭亡"的境地时，事实上已经没有什么能够限制你采取任何战略决策来获取成功了。

军事战略的观点

也许一些军事战略家会对商业界的同行不屑一顾，因为军人在有记录的接近3000年的历史中，对什么原则有效什么法则无效早已经形成一些基本而有效的共识，希望这个理由能够让你原谅那些军事战略家的无礼。来看看乔治敦大学军事技术史的课程吧。课程一开始讲到的是古希腊人与罗马人，有学习价值的个案也非常多：从罗马与迦太基间的多次战役和伯罗奔尼撒战争，到以后的 30 年战争再到法国—印第安人战争，以及大不列颠与西班牙之间的战争等等。课程讲到 19 世纪时，讨论了更多值得研究的战争，有拿破仑战争、美国独立战争、普法战争以及印第安人与美国骑兵之间的战争。所有这些内容全都被安排在第一学期进行学习！

在这里我只想说明，人类世界在有史以来不断地发生战争，因此我们已经从这里面学到很多关于战略本身和怎样运用战略的知识。首先来说说战略——strategy 这个词，strategy 是从希腊语中的 "strategos" 这个词演化而来，原意是 "一般，普通"。按照字面意思来理解就是事物发展的一般过程——如果希腊语中有一个词和外购（outsouring）有关的话，那它可能还没有被我们发现。军事战略与商学院所讲授的战略最大的区别也许是这样：在军事院校中战略是一个信仰的体系，而后者实际上是变相的市场营销。要说明这样的信仰体系有多么重要——尤其是当资本领域同时以鲜血和金钱作为衡量标准时——我们可以用伊拉克作为一个参考的例子。

如果人们仅仅把能否根据自己的行动预测和适应长期变化看做对战略效果的检验，而不考虑最初交战时发生了什么，那么他在制定战略时多少都会存在一些疑惑——当然，这种情况通常发生在战场上，只是偶尔在商业场上出现。我们在第三章已经详细讨论过了，美军在伊拉克的干涉行动是一次传奇的经历，但也还有很多亟待解决的棘手问题，例如，对于发动战争的理由，现在还没有办法给大众一个交代；同时在怎样才能赢得和平这个问题上，决策者的判断也可能出现了偏差。纯粹主义者也许会提出不同的意见，他们普遍认为：美军最初袭击巴格达时的任务与美国的 "大战略" 并没有什么联系，对军队战略的重大考验是，面对美军不可战胜的技术优势，伊拉克是否会采用一些非常规的手段？这没有关系，我们应该看到，任何策略都会引起对手的反策略，敌人总会想尽办法扭转局面，不管是在商业活动还是战争中，都不可妄言胜负已分，了解这一点就足够了。

但是读者也必须注意到，基本的战略决策过程虽然与本章开头的五个步骤相似，但还需要更完善的情报来源，以构成分析的基础。从这里开始就和前面不再相似了，即使是在描绘可行方案之前，分析的核心问题也应该是慎重考虑战略重心的问题。"战略重心"（centers of gravity）是一个专门用语，这个词主要用于关注对对象（可能是你的对手）有支柱作用的某个特殊要素，要如何才能把这个关键要素除掉。就好像炸毁桥梁，通常没有必要将整个桥梁结构都毁掉，只需要找到它的主支撑梁或负载结构——尤其是在精确制导武器的时代，只需要将它们锁定为攻击目标就行了。在伊拉克这个例子中，由我们的分析可以知道：首要的战略重心并不是萨达姆控制下的巴格达或其他某个城市，而是对其军政体系而言十分关键的共和国卫队这支军事力量。如果他用这支力量来保卫城市的话，那再好不过了。不过无论萨达姆把这支军队派到哪里，我们都要把他们找出来，全部消灭掉，一个不留。

这是对一个古老法则的新运用，这一法则早在拿破仑时期就为人们所理解：摧毁敌人的武装力量关乎胜败。不过现在的战争分析水平更加成熟了，因此我们还要考虑到战争的另一个传统要素——时间，如今这个战争要素被赋予了更新更重要的意义。事实上，这是解决其他两种威胁的关键：

1. 美军有可能遭到伊拉克大规模杀伤性武器的攻击，虽然在那时候伊拉克大规模杀伤性武器的存在性还没有被证实但也没有被推翻。
2. 在伊拉克可以运用的措施中，能够给美军造成最大常规威胁的是进行城市保卫战。如果这样的计划在策划和执行上都很成功，那么至少可以为他们提供一种可能，将巴格达变为美索不达米亚平原上的斯大林格勒。这样的可能一旦变成现实，美军的攻击目标就会变得更坚强，攻打起来会花更多的时间，双方都会产生更大的伤亡，并会为国际调停力量的介入提供机会。

如果说主要是时间束缚了伊拉克，让他们可能存在的大规模杀伤性武器无法成功锁定目标、无法将巴格达转变为坚固的要塞，那么美军的速度便是造成这个结局的主要原因了。

要注意到，战略决策过程进行到这个部分时，它已经为军队决定了几个关键的战略参数：攻击方向、预定攻击目标以及这样的认识——作战速度是决定性因素。这并不代表美军连进一步详细讨论的时间都没有了，特别是在如何选择具体行动方案使之与基本战略吻合，从而确立作战计划的问题上，军队内部仍然经过了长时间的争论。

不管军队内部在具体方案上有什么不同的意见，但始终都将战略看做解决问题的根本方法，并对此保持高度一致，这正是美军强大力量的来源。在指挥官军旅生涯的大部分时间中，他们不仅要接受专业训练，确保能轻松地分析如何达到预定军事目的；而且在运用独特的美式战争工具时，还要能充分发挥自己的创造性。这些战争工具，就是一系列关于运用陆地力量、海上力量和空中力量的思路。科林·鲍威尔担任美军最高长官时，就常常把这些不同的战争形式比作他的工具箱。

我们已经在第三章讨论过，这些战略典范一向都是各个军种的建军基础。而现在，它们还提供了一种考验互补和协同作战能力的作战模式，成为所有军事战略的第一个考验：我们应该怎样将所有的军种融合到一起，才能让新的联合军队适于完成既定的目标？在伊拉克，问题的答案远不像理论上那么简单。这不仅是因为计划投入的兵力将比沙漠风暴行动中投入得少，还因为一种大胆的猜想：美军的联合作战能力已经提升到一个崭新的层次，为美军赋予了更强的竞争力。

所以现在的问题变成：怎样才能保证各军种实现相互支援，创造高度协同作战能力，保证行军速度与战斗力的完美结合？答案已经有了，这就是海军陆战队地面作战单位和陆军的联合行动，这次行动向巴格达发起了迅猛的冲击，每前进一步都得到了空军与海军在战术上的支持。在格林纳达①，这样的部队几乎还没有出现，但现在，他们却像亲兄弟一样地战斗。

正如我们在第三章讨论的那样，这种合作关系最大的障碍是：各军种间长期缺乏协同合作能力，当基于信息化的作战观念出现后他们才勉为其难地开始合作。战略家们现在的任务是，怎样在整个军队中平稳地传递有用的信息。这个问题并不是没有价值的，因为伊拉克是一个变幻莫测的地

---

① 位于西印度向风群岛的一个国家，因为古巴对格林纳达政府的干涉，雷纳德·里根总统于 1983 年 10 月 25 日命令约 1900 名美军入侵格林纳达以保护岛上约 1000 名美国人。——译者注

方，我们的计划随时面临调整。过去在军事学院中，大家常常讨论德国人所说的"auftragstaktik"，也就是任务型的命令，通常最后的结论是：这对我们来讲是说起来容易做起来难。不过现在，我们拥有更好的工具来传送信息，伊拉克战争正好提供一个机会，让我们真枪实弹地检验自己的战略能否适应新增的能力。

我们成功了吗？汤米·弗兰克斯将军希望他手下的指挥官们能够更灵活一些。下面是发起巴格达进攻的第三步兵师指挥官比福德·布朗特少将的说法：

> 陆军的数字通信能力不受地形的限制，几乎可以对作战部队进行实时监控，这是一种可怕的能力……（这样的技术为我提供了流畅准确的作战画面，让我可以同时在几个不同的战场指挥和控制步兵师的战斗。）有一次我们有三个不同的旅要同时穿越长达200公里的区域，而我竟然可以同时控制他们，并让他们在行进的过程中保持同步。这真是一种不可思议的能力。

有这种感叹的指挥官还有戴夫·彼塔利斯少将，他是颇具传奇色彩的101空降师的指挥官。在一次采访中，少将反复强调，在整个战役中他们都很清楚将军要他们做什么；而一旦深刻理解上级指挥官的意图并同时了解了作战形势，计划编制的过程便有了很大的灵活性。彼塔利斯向我们描绘了他多次制定计划的过程，很多时候都是和他的下属指挥官们在几辆悍马（Humvee）装甲车上匆匆开始又匆匆结束。当然，那对我们来说不算什么新奇的东西，因为我们已经在《兄弟连》中看到类似的场景，戴尔·戴伊（Dale Dye）在影片中扮演的那个"二战"中的101空降师团级指挥官，就是这么干的。

但是与第二次世界大战中不同的是，彼塔利斯与他的伙伴们非常清楚自己的部队在何处、敌人与他们的相对位置如何，就连敌军有什么新动向、哪一个分队处在攻击自己的最好位置等都了如指掌。借由这些详尽信息的武装，军队适应性和迅速编制计划的灵活性都被提升到前所未有的高度。这种变化最终产生了作用。如果不尽量依赖这些技术，而靠军队自己去观察，只会导致军队盲目向前突击，有时候那意味着对敌军炮火威胁的无动于衷。彼塔利斯回忆说，他曾经吩咐士兵们不要向敌军的一个迫击炮炮手射击，因为这个迫击炮手不停地瞄准指挥部却总是无法击中目标。"看在上帝的份儿上，随他去吧。杀了他的话他会发现有人真的懂得怎样瞄准目标的。"

业余爱好者和专家：两种不同的战略文化

那么，为企业出谋划策的民间战略家到底能从军队的同行那里学到多少东西呢？用一个词就可以说清楚了：所有东西。下面列举的几个要点，它们使得军事战略文化在最具竞争性的环境中仍然是有效的利器：

1. 在各军种长时间相互隔离的情况下，一个共同的战略文化将为他们提供共同的核心信念。我们在第三章已经看到，这并不是一件很容易办到的事情。20世纪80年代初期在我工作的联合军事学校中，大家的注意力都放在了一种新的图书员管理手册上，这种新手册可以帮助来自陆军、海军、空军和海军陆战队的学员们进一步加深相互了解。然而，一个不幸的排字工差点影响到这个目标的实现，本来预设的效果为"为共同的利益（good）而合作"，可是排版出来却变成了"为共同的感伤（goo）而合作"。这个错误最终被纠正了，不过也有一些人反对修改，他们认为最初这个版本更诚实一些。（我承认自己就是反对者之一。）没有关系，走出共同感伤的泥潭之后，就会有全新而有力的东西出现了。

2. 拥有共同的战略文化是很好的，如果大家都能意识到这种文化的存在则更妙一些。经过军事教育系统的强化推广，战略决策过程（包括其内在的规律、方法和任务）成为今后的指挥官以及为他们服务的参谋机构共同遵守的参考标准。没有策略的外购，没有周末的休假，没有"宏伟、艰难而大胆的远景目标"，也没有废话。

只有能将工作顺利完成的可靠的方法论。

3. 我们用自己的方式耐心地渡过了"共同感伤"的难关，这样的后果之一，是让指挥官们拥有了高度灵活、颇具适应能力的作战策略，适用于我们的军队，并能够在有限的条件下得到最好的策划。这些策略不仅在空军与地面部队顺利实现协同作战的过程中起到很大的帮助作用；当伊军在巴格达失陷后的几个星期中为了扭转败局而发起游击战攻击时，它还帮助军队进行了平稳的过渡。如果你充分利用了可以预测敌人对抗手段的战略信仰，他们的调整就不会给你带来什么打击了。你也看到了，对方已经孤注一掷了，这是个什么样的概念?! 汤米·弗兰克斯将军的继任者，约翰·阿比扎伊德将军迅速认识到自己面临的挑战，他向手下的指挥官们强调，要随情况变化相应地调整战术。他们好像都来自同一所学校，深刻理解那所学校中学到的另一个基本原则：没有永远的军事胜利。

4. 最后，当信息化保证全军从上到下都对战争形势了如指掌时，共同战略文化的联结变得更加有力。简单地说，指挥官只需清楚掌握对手的情况，并能够了解他的意图，就可以保持高度的机动性。无论是在最低控制层还是在最高控制层，信息的作用都意味着迅捷的行动操作——不管你是在向巴格达突进还是在市场上打击一个竞争者。这比起满世界的幻灯片来说要更容易令人满意。

著名的经济学家查尔斯·金德尔伯格（Charles Kindleberger）于 2003 年 7 月与世长辞，享年 92 岁。之所以有这么多人记得金德尔伯格，那是因为我们都读过他的书，书中对很多经济学基本原理进行了深入浅出的讲解，让人记忆犹新。另一位经济学家罗伯特·萨缪尔森（Robert J. Samuelson）对这位经济学巨人的逝世做出了更深刻的评价：

这是一个历史事件。许多现代经济学家都多少有点这种感觉，尤其是那些在大学中埋头做学问的同行。优美的模型和数学证明所关注的事物层面越来越窄，因为它们几乎把所有不能简化为一个方程或一堆数据的东西都拒之门外……有一些经济上的巨大变化让方程式难以解释，因为它们同样是政治、心理和文化上的变化。金德尔伯格洞悉那一切，当今天流行的理论被世界遗忘的时候，人们还是会读他的书，为知识而读，为乐趣而读。

金德尔伯格所写的内容其实是高层次的战略。那些内容都与历史、政治、心理和文化有关，它们或者是量化的或者是非量化的，那都不是问题。战略家们的任务并不是被本应该期待的事物吓住。在军事策略中，我们都知道，如果你的敌人越专业、越老到，你就越不容易感到意外。业余的人反而更容易让你陷入麻烦之中，尤其是在你读他们的书或是聘请他们做顾问的时候。

作 战 计 划

任务目标

战略不仅是至关重要的一种思维产物，它还是商业界在面对当前越来越不稳定的竞争环境时，手中最基本的工具。

- 战略决策过程确实是一个高度复杂的过程，有时候你必须把大部分精力都投入进来。坦率地说，执行官们所受的战略教育情况参差不齐。
- 战略等同于做选择，其中包括辨别谁将取胜这样困难的选择。那意味着要选择一条生产线而放弃另一条，选择一个部门而放弃另一个部门，这难免要承担一些风险。
- 在制定战略的过程中商业情报系统的作用是非常重要的。商业情报并非不存在，只是商界领导者并不精于利用它们，甚至连它们是否有存在的必要都不太清楚罢了。

- 今天的首席执行官们都将注意力集中在短期成果上，这些成果常常通过每季度的资产平衡表来体现，"业绩指标"本身就是与各种金融指标联系在一起的，能够影响到股票价格以及首席执行官的工资。但这样的管理思路不叫战略，那是战术！

- 西南航空公司的首席执行官赫布·凯莱赫本能地意识到其他很多人都完全忽略的原理：企业文化（也就是一个机构的日常行动）决定了企业的战略。无论任何战略，企业文化都可能对战略实现产生限制作用，也有扩大战略成功的可能性，从这个意义上来说其他任何要素都无法与之相比。

- 我们始终都将战略看做解决问题的基本方法，并对此保持高度一致，这正是美军强大力量的表现之一。我们的指挥官不仅要接受广泛的专业训练，以确保能够轻松分析如何达到预定军事目的，还要能在运用独特的美式战争工具时，充分发挥创造性。

- 为企业出谋划策的民间战略家到底能从军队的同行那里学到多少东西？用一句话就可以说清楚了——军队战略方法的一切。

- 比起拥有共同的战略文化来，意识到这种文化的存在似乎更妙一些。在军事教育系统全面强化了军队的战略意识之后，战略决策过程成为今后的指挥官以及为之服务的参谋机构共同的参考要素。这里没有战略外包，没有周末静休，没有"宏伟、艰难而大胆的远景目标"，也没有毫无意义的废话。只有能将工作顺利完成的可靠方法论。

6 为胜利而组织

——进攻时保持机构精简

本章将主要讨论一些组织学方法，特别地，通过这些调整结构的手段，我们可以把领导学方法与企业战略（假设已经有了一个）联系在一起，可能的话还能将价值体系也包括进来。更特别地，这些组织学的方法还可以帮助首席执行官找出最好的组织结构，帮助他们卸下肩头的重担。我对这一问题的理解和观点基本上都来自于过去的两段经历：其一是在1986年，我亲历了五角大楼的改组，那次改组造成该组织的指挥结构发生变革；另一个是在1993年，我参与了指导"重塑政府"的行动，该行动的最终结果之一便是彻底重写《联邦采购法案》。这两段经历给我的体会是：改组他人总比被他人改组要好过。

其中后一项工作具有很重大的意义，人们对此应该还有些印象，因为到最后，克林顿总统与戈尔副总统当场敲碎了价值200美元的烟灰缸，并背对着两叉车堆得高高的政府法规和条文发表演说，还有相片为证。采购法案的改革还包括对影响到国防采购的800个法律法规的系统检查，整个过程真是使我受益匪浅。很显然，现在国会可以确信，国防部的官员们连清早起床都要依靠立法机关的指导了，当然，他们也很乐于提供这种指导。如果事情照这样发展下去的话，那些法律条文不可避免地会增加开支，降低军队竞争力。

在这个问题上，我最喜欢提起的例子，是在调查海湾战争（即沙漠风暴行动）的过程中意外发生的一桩事情。就在美军向伊拉克军队发起攻击之前，空军似乎遇到了一个紧急事件，需要大约 6000 个商用收音机来应急，他们愿意为此放弃军需用品的所有要求和规定。虽然备战紧迫，可是由于存在事后批评的可能性，一旦紧迫性消失，就找不到对放弃法律规定负责的军需品采购官员，而通常的法律规定，要求公司证明给政府提供的物资价格是最低的。

这就是问题的所在。收音机在全世界都可以买到，但如果新加坡的 Sam's Direct to You 折扣商店在这个星期特价销售此类产品的话，那就免谈了。噢，如果你真的去那家店采购的话，无论你有多么爱国，动机是多么的好，对不起，你都将被判重罪。僵局就这样一直持续着，直到空军中出现了一位不愿透露姓名、拥有敏锐嗅觉的军官，这才找到了出路。他们说服日本政府购买这批收音机，然后将这批物资不提价格地赠送给美国空军——再将日本政府在这笔交易中支付的所有费用记作他们对沙漠风暴行动的财政奉献。这个故事的寓意是：当你的盟友不得不把你从自设的采购梦魇中解脱出来时，那也许就是转机到来的时刻。

克林顿总统向国会提交改革方案的时候还真的提到了这位空军军官的名字。在这种姗姗来迟的漫长变革中，就算扮演一个很小的角色也能让人心情舒畅。但是在后来为这种变革发表演说的时候，他们也许将这件事的重要性稍微夸大了一点，他们的观点无外乎：（1）在改进制造麻烦的旧法律这件事上我们确实做了一些恰当的工作；（2）我们未能向负责执行这些法律的官僚主义者们施加足够的压力；（3）既能革新法律同时还能保留官僚组织结构的改革还很不完善。过了一段时间，我才很不情愿地承认，他们说的确实很有道理。

关于组织结构的问题，在 1986 年五角大楼改组的听证会上，国会议员比尔·尼科尔斯提出了更为严肃的观点，他将此放入了自己的演讲稿中：

不战则亡

首席执行官的战争备忘录

　　当我们祈求和平的时候，我们绝不可能忘记这个组织（五角大楼），它就好像一把刺刀或是一艘航空母舰一样，是一个战争武器。我们应该为我们的陆军士兵、海军官兵、飞行员和海军陆战队队员着想，让这个武器足够可靠、足够灵活，也足够坚强。这样才能帮助士兵们赢得战争——如果上帝真要扼杀战争发生的可能性。

　　1986年，由于某些原因，国会开始关注战争的胜负问题，取得战争胜利是必须的，而在那之前必须先优化组织机构，让这把刺刀锋利起来。在1980年伊朗人质搜救行动失败之后，美军海军陆战队又于1983年在黎巴嫩遭到炸弹袭击，不久后发生了格林纳达入侵行动。这三个事件都暴露出美军机构组织潜在的严重缺陷，这种缺陷在各个军种必须协同作战的时候便暴露得一清二楚。因此在1986年晚期，国会制定并通过了一个著名的法案——《戈德华特·尼科尔斯法案》。新法案对五角大楼的指挥结构进行了改革，并要求军队各军种（陆军、海军、空军和海军陆战队）融为一体，形成强大的作战力量。然而大多数美国人并不了解该法案通过的事情，更不用说了解法案内容了。法案通过4年之后，我们在沙漠风暴行动中已经拥有全新的战争组织体系。

　　在为颁布《戈德华特·尼科尔斯法案》而工作的我们这些人中，谁也没有想到，刚刚被改造好的五角大楼新指挥体系居然在4年之后就要接受战争的真实考验。

　　新技术源源不断地产生并被推广，面对这种情况，进行组织上的调整，利用新技术新观念为自己的成功创造条件，也很重要。博学多才、消息灵通的"对外"领导层也成为不可或缺的因素，有两个例子能够体现出这一点，第一个是在1986年法案发布之后，国会开始变得像个董事会；还有就是国防部长唐纳德·拉姆斯菲尔德在2002年到2003年间被要求扮演类似"COO"（运营总监）的新角色，让美国的武装力量能够以不同的作战方式在任何一场新形式的战争中取得胜利。这两个例子，一个是1986年国会通过司法手段插手军队运作管理，另一个是 2003 年美军高层领导的更新。对现在的商业领导人来说，两个例子对他们的部门经理、首席执行官或是董事会成员都很有帮助。每个身处商界的人都应该很清楚，企业面临的竞争环境与过去完全不同，要混乱得多，更加难以预测，对企业的要求也愈来愈苛刻。随着经济全球化的到来，企业有必要进入自己完全不熟悉的全新市场去追求丰厚的利润，但是这同样有未知的风险，以及由于不了解市场而造成的不确定性。美国企业界的成员们都有相似的发展纲要，他们依靠自己建立的组织形式和多年磨炼而成的业务开展方法来应付全球不计其数的竞争者。而这些竞争者们早就盼望着能与我们短兵相接了，他们手握低价劳动力和市场反应快的优势，自然当仁不让。

可是这些都发生在令人沮丧的背景下：美国企业普遍陷入道德沦丧的阴影之中，管理者和领导层的问题也随之而来，让整个企业界人心惶惶。每当我听到某个股票分析师因为欺骗投资者而遭控告的时候，每当我看到又一个首席财务总监戴上手铐踏上警车的时候，我都难以压抑自己的冲动，想要在身边随便抓一个 CEO 或是董事会成员，把他带到戴维斯教官那里去，让他接受一点惩戒性的训练。如果读者对企业界巨人们的动态一直保持着关注，那么你也许会想到 1986 年的国会，他们当时也同样认为自己有很多的时间，可以把事情处理得漂漂亮亮的，但没等多久，战争就来了；唐纳德·拉姆斯菲尔德把上任后的前八个月时间全花在辩论上，他认为五角大楼的工作流程也许并不能很好地应对 21 世纪的挑战，等到 2001 年 9 月 11 日，这些挑战就以令人痛苦万分的方式降临，就算是比卡桑德拉①还要懂得预言的人也不敢想像当时的情景。对美国企业界来说，情况也是这样，他们必须认识到，最时髦的衡量企业效力的方法也许并不像曾经认为的那样有价值。因此，商业界也需要用稍微有些

---

① 特洛伊国王布莱姆的一个女儿，具有预知未来的禀赋，但被阿波罗诅咒命中注定不为人所相信。——译者注

不同的方法来调整自己的组织结构，即使这样，也已经比军界晚了至少十年。

现在，我再一次坦然地告诉大家：我并不是从国会采购限制的问题上才认识到组织结构这个关键问题的。从我的基础训练时期开始，我就意识到：即使是最简单的组织行为，如最低层次的军队部署，在其中都隐藏着一些挑战。当我们无需再忍受戴维斯教官的折磨时，就轮到他的上司来训练我们了，他是我们那个训练连队中的一个高等士兵，也是我们的第一教官。这位"军中第一人"，身体结实，个子高高瘦瘦，是一个喜欢把一切都布置得整整齐齐的上士，他的名字叫索托·德·莫拉莱斯，是一个很地道的西班牙人，因此其浓重的口音经常惹来一些麻烦。

在行军操练中有两个很重要的口令，第一个是"齐步走"（forward march），我们刚进入军营的时候就常常接受对这个口令的补充指导，直到现在也才基本掌握了其要领；第二个命令是"托枪"（port arms），这要求你能够准确地托起来复枪，并与你的胸膛持平，而不是指其他的举枪姿势。现在的问题是，当这两个截然不同的命令，从莫拉莱斯教官那带有西班牙口音的英语口语中蹦出来时，你根本听不出它们有什么分别。每次他发出其中一条命令，整个连队就会有一半人开始托枪，而另外的伙计们则迈开步子朝前走去，把队伍冲得七零八落。这简直就是对无政府状态的一种鼓励。每每这个时候，亲爱的莫拉莱斯教官就会搬出地道的西班牙语，大声咒骂我们，然后换成英语继续骂，也许这样还不过瘾，他还会重新操起西班牙语，检查一下有没有什么遗漏的地方。当然，为了不让我们的士气受到影响，他接着会让我们趴下开始做俯卧撑——这是他能够完美发出的惟一指令。

组织结构中的问题，军队与民间共存

让我们回头看看希腊人和罗马人，他们利用步兵方阵，并在方阵下分出许多小队的方式作战，这肯定是人类处理规模难题的最早尝试了。这个难题是这样的：你如何增加兵力？在保证不丢掉行动一致性的前提下，应该在正面多增加一些长矛还是在两翼多布置一些弓箭？斯大林也很想知道这个问题的答案，据说他曾经讲过，上帝总是站在军队规模大的一方（事实上，这算得上是他最明智的结论了。他也曾经问过罗马教皇有多少军队。正如我们现在所知，答案是教皇拥有规模很大的一支军队，其中多数士兵是波兰人）。不过如果扩大了作战单位的规模，那你如何才能保证自己的命令可以有效传达下去？在这里，不需要太多的作战经历，也不需要太多的指挥经验，只需要有普通的室内游戏经验，以及作为一个普通父亲把一件小事告诉所有孩子并让他们都理解的经验，那你就应该能理解墨菲法则①的作用了。在这个领域，军队相对于企业界而言并不占任何优势，这与战略或者价值体系等方面的情况不太一样。真实的情况是，在与官僚等级制度的斗争中军界付出的努力与企业界不相上下，在机构组织问题上也是如此。只有在一些极端的情形下，我们才有机会向官僚主义者们开火，其他情况下是不允许这样做的。

　　每一个机构都会遇到七个有关组织结构的基本问题，这些问题是：

1. **规模与一致性的难题**　斯大林对军队规模的困惑在今天的商业界中也同样存在。为自己的公司增加新部门时会有什么后果？无论在什么情况下，只要你扩大企业规模，指挥与控制企业的问题也会随之扩大，事实上，可以说是其中的困难被随之放大。首席执行官如何确保经营战略、行政政策、企业内部通信以及财政收入计划都能得到平稳调整，与新的组织计划相一致？特别地，当保持企业运作的连续性是他的法定职责时，他应该如何去施展拳脚？当然，规模的问题通常都不是孤立的。

---

① 一种幽默的规则，它认为任何可能出错的事终将出错。——译者注

2. **指挥的统一性**　这个问题是由上一个问题变化而来的。如果不仅仅是扩大规模，而且增加的部分与原来的群体还不属于同一类型，那么问题将会更加严重。军队与这个难题很有缘，只要我们让陆军参与到联合部队的行动中去，这个问题就肯定会出现。过去具有代表性的例子是陆军与炮兵、骑兵的联合行动，而最近这些年则主要体现在与海军、空军的联合行动上。这些联合形式都可以大幅度提高我们的战斗力，但它们同样扩大了战争指挥与控制这个困难的影响范围，因为各军种间不同的组织文化是客观存在的，就算他们是并肩作战、同穿一国军服的好兄弟也不能改变这个事实。在商业界，当公司被接管、企业被并购或是发生其他形式的机构改组时也同样会有相同的问题发生——需要管理的部门增加了许多，同时不同的部门还有不同的文化、不同的发展前景以及不同的经营方式。图 6.1 向我们阐明了领导信息对组织效能的影响，从这个图可以看出，要在不同军种的文化间实现指挥的统一性非常困难。图中我们假设四个军官具有相同的军衔。图左边第一栏中，美国海军中将只有 10 个到 100 个可供指挥的下属机构，换句话说，那就是他整天处理的事务，也许正好反映了海军中将对手下战斗群中两艘航空母舰的日常调动和部署。这位将军对他们的位置通常都能了然于胸，与这些部队之间的通信常常也很顺畅。最妙的是，他的下属（也就是上尉军衔以上的指挥官们）也都信心满满。现在再来看看图另一端的陆军部队指挥官——同样也有三颗星——但是他们要指挥的部队却多出两个甚至更多的师。指挥与控制的难题对他来说要高上一个数量级，这反映在图中 1 万—10 万的数字范围上。因此陆军将领常常要面对糟糕的战地通信，而且他发出的指令必须要传送到每一个中士手中。请注意，组织学方法与领导学方法还是有所不同的：按照惯例海军将权力集中在指挥部手中，而陆军只能把所有的事情分散到各个单位中让他们自行处理。这里对商业界大有裨益的经验是：

别妄想用一个标准去衡量整个世界。不同的组织结构就需要不同的领导风格以及组织方式。

	美国海军	美国空军	海军陆战队	美国陆军
	☆ ☆　　☆	☆　☆　☆	☆ ☆　　☆	☆　☆　☆
可供指挥的作战单位数量	10^1—10^2	10^2—10^3	10^3—10^4	10^4—10^5
每个作战单位长官的军衔	高 ⟶			低
总指挥部与各作战单位的信息沟通情况	好 ⟶			坏
总指挥部对作战单位的实时动向掌握	精确 ⟶			不清楚
战术灵活度	高 ⟶			低
指挥原则	中心统一 ⟶			各自灵活决定

图 6.1　中央集权与各自为政

摘自：肯尼斯·阿拉德著：《指挥，控制与共同防御》（*Command, Control [L1] and the Common Defense*）（修订版），美国国防大学出版社 1995 年版，第 159 页。

3. 中央集权与各自为政　如果说图 6.1 存在什么缺点的话，那就是：它暗示了这两种不同组织模式的极端相对。事实上，中央集权要求政令统一，而下属单位要想完成工作必须具有一定的自治权，两者之间脆弱的平衡很容易被打破，尤其当这些工作需要下属单位发挥巨大灵活性与主观能动性的时候。在中央集权与各自为政的问题上没有对错之分，在旁观者的眼中是这样，对于以调节这种平衡为职责的首席执行官和军事指挥官来说更应该是如此。他们不能太过专权，那样可能会毁掉独立

107

的思想以及灵活行动的能力。不过把权力全部下放到底层单位亦非良策，因为任何组织都必须依靠一定程度的统一性才能生存。如果放弃了所有的控制权，那么机构就会牺牲掉作为整体而存在的一致性。

4. **用人不疑** 我们过去习惯称一个地区总部的战斗指挥官为总司令（CINC，Commander-In-Chief 的简称）。但现在这个称呼已经没有这种含义了，因为唐纳德·拉姆斯菲尔德在 2003 年提出，这样的称谓只适合于总统，无论是陆军元帅还是海军上将，不管他们如何战功卓著，也无论将来是否有成为总统的希望——当前都不适宜称为总司令。把领导人叫做总司令也好，叫做区域主管也好，让责任与权力相一致的组织结构问题都一样存在，对其他人而言，通过批评现任司令官从而夺取这一权力的诱惑也仍然存在。当人们找到他们认为合适或者足够好的借口时，他们通常都会这样做的，当然，在条件允许的情况下他们也不会错过大好的机会。但是，取代当权者，或是剥夺部下（还是由你自己任命的）的权力，这些行为都是很普遍的错误，那只会随着技术的进步而变得更糟。（从古巴导弹危机时期，当时的国防部长罗伯特·麦克纳马拉对军舰的指挥官们下达封锁命令；到比尔·克林顿亲自批准巡航导弹锁定攻击目标，军队司令官们一直在进行着抗争，他们期望能改变华盛顿决策者们一贯的"跨层"政令的作风，因为那会使得整个指挥链遭到破坏。无论是在战场上还是在商业活动中，有时候都需要这种特殊的手段的，但是必须记住，信任是这样一种东西：一旦你将它打碎了，那就不可能再被复原。）

5. **责任到位** 通常对将军来说的"命令"，还有对首席执行官来说的"财政展望"，这两种说法都避免了领导人责任不明确性的出现。在葛底斯堡①，李将军犯下的最明显的错误出现在战役发生的第一

---

① 宾夕法尼亚州南部钱伯斯堡东南偏东的一个城镇。是美国内战中一处较为重要的联邦军胜利遗址，这次胜利抑制了罗伯特·E. 李对北方的入侵。——译者注

天，他命令理查德·尤厄尔将军把军队的主要集结点放在里杰公
墓（Cemetery Ridge），"如果可行的话。"一向谨慎的尤厄尔最后
决定不这样做，他把主要集结点设在一块岩石旁边，而那里最终
成为皮克特①将军终身难忘的伤心之地。诺曼底登陆前夕，军令在
美国军队内部的传播方式得到了改进。当时艾森豪威尔元帅接到
的命令堪称清晰明了的典范："你们将登上欧洲大陆，同其他同盟
国一道，对德国的心脏地带采取军事行动，摧毁他们的武装力
量。"这份命令清晰、简单、直接而又言简意赅，既没有留下任何
含糊的地方，又为任务的灵活执行腾出巨大的空间。它告诉艾森
豪威尔该做什么，而不是教他该怎么做。还有一些类似的标准，
都是用来衡量效力的依据。无论是命令的发出者还是接收者，都
可以通过这些标准，从指导性、期望值、战略计划和效力等方面
来衡量命令的质量。

6. 组织结构　从战略到基本的价值体系，一个机构的组织结构可
以反映这个单位日常都在做些什么，这也许会与他们告诉你的
答案形成有趣的对比。要想了解真正的领导层，不能看他们说
些什么，而是要看他们的下属实际在做什么。军队史上的大量
事实表明，如果说的与做的之间差距过大，那么这个作战单位
必将遭致失败。正是由于这个原因，我们才说组织方法是最重
要的结构学要素，它将战略思想和体现机构特征的基本价值体
系联系在一起。通过组织结构体系我们还可以分散司令官或首
席执行官手中的权力。这就意味着能建立一个从上到下的指挥
链，让权力和责任挂钩，贯穿机构的每一层，当然也包括为特
定任务牵涉的个人分配适当的控制面。最后，这样的组织结构
可以反映该机构的价值体系。如果一套价值体系与机构的日常
行为毫无内在关联的话，那根本就不能叫做价值体系，只能叫

---

① 美国南方邦联军将军，因在葛底斯堡战役中领导了灾难性的"皮克特冲锋"而闻
　名。——译者注

做公共关系。

7. **拿破仑的望远镜**   现在花一点时间来仔细回顾一下我们提到的关于组织结构的一切吧：很容易被打破的平衡，最终分配权力的完善的结构。但不管对将领还是执行官，这都是很苛刻的要求。不过，军队在多年的探索下，形成了一套能为指挥官提供巨大便利的方法，也就是为他们提供一套独立的"眼睛"和"耳朵"，而且不会干扰指挥官的指挥部署活动。这就是"拿破仑的望远镜"概念，正如概念名称所提示的那样，对军队的指挥和控制系统来说那并不是什么新思路。在多年前一本以此命名的书中，我们的一位军事史学家指出，伟大的指挥官通常都有一群富有智谋的人为他们服务、向他们负责。在这种情况下，指挥官的注意力——就是他的"望远镜"——可以集中在那些关键的地方，在那些地方指挥官的直接干涉很重要。哪一条战线充满危机、哪一条战线才是战争发展的关键点，这些问题也许会有争议，但是不管这条战线在哪儿，指挥官都必须明智地使用他的"望远镜"，这不仅需要大量的军事技巧，同时还要经过一些判断和甄别，有时候甚至还需要动用敏锐的感觉。否则，他们只好承担破坏指挥链的风险，甚至有可能将早期建立起来的脆弱平衡打破。决定关键时间和关键地点正是我们的"拿破仑"（即总司令们）值得信赖的智囊团的工作，他们可以选择技术允许的任何方法去完成工作。不过相对而言最重要的还是一些个人品质：智囊团中的官员基本上都是富有洞察力、进取心的男性，最重要的是，他们精于韬略。这样的成功先例很值得首席执行官们学习，并运用于今后的商业活动之中。有什么方法能够准确地发现何时是成功的关键、在这个时候应该从哪一方面入手处理、怎么处理竞争事务，同时还要保护指挥链免受冲击，并保留执行官的基本职责，确保一切顺利进行？难道还有比拥有一套自己的"眼睛"更好的方法吗？

军界与商界的组织结构前景展望

　　这些结果和指导性的原则也许马上会引来商学院教授、战略顾问以及本书其他批评者的一片疑问：军队是凭借什么基础建立起这么庞杂的组织学观点的？这个问题有一个很简单的答案，因为当军队进入成熟阶段的时候，对大部分社会学家来说，它已经是看得见的最大组织实体了。当战争的机械化程度越来越高时，军队的组织复杂程度也就越来越高了。你无需在军事史或是组织学的发展历史中寻觅太久，就可以找到普鲁士人这个例子，他们似乎天生就是组织学方面的天才，关于这一方面，你只需要问问法国人就可以了。首先来说说他们的后勤支持，对于一支配备大量火药武器的大规模军队而言，这种后勤支持是十分关键的。事实上，普鲁士总参谋部的高超组织能力将军纪严明的部队锻造成为军队中的典范。在拿破仑战争之后，普鲁士总参谋部的组织体系被制度化，融入了后世的历史学家们所说的"为战争而生的天赋"。这种称谓非常恰当，它的特点是：建立一个将战时经验教训融入和平和备战时期的组织方法；在准备战争计划的过程中不断为将来训练人才；最后一点，将这些计划放到战争中测试其有效性，将概念转化为实际行动。

　　19世纪的德国社会学家马克斯·韦伯（Max Weber）是对官僚机构研究得最深刻的学者之一，这并不是什么巧合，因为在对总参谋部的研究中，马克斯·韦伯分明看到了一种社会模型。在19世纪晚期工业革命中的官僚制度，对于进行商业活动的人们而言是组织性很高的十分合理的结构方式，韦伯据此提出了一种模型，简单地说他的思想就是将人机器化。在真正的控制论方法中，一种合理的劳动分工应该把所有工作安排到一些子程序中去完成，这些子程序能够以客观而又合理的方式来制定和执行。韦伯的理论中比较有趣的地方是，他认为工作的合理配置以及责任的科学分配是核心的问题，那不是由非凡的领导人完成的工作，而是利用官僚等级制度上紧的发条。

这种进行商业活动的方式真是巧妙，就算到了现在，我们仍然可以看见这种理论的拥护者。当该模型与现代科学技术相结合时，它的影响变得更加诱人。因此在第一次世界大战中，这种模型与组织学方法和战争破坏性技术相结合，把人们希望出现的事物全都变成了现实。后来，历史产生了一位新式装甲战争的先知，他就是英国陆军少将富勒（J. F. C. Fuller）。直到今天，富勒的一本杰作仍然是军事学校中学生必读的读物之一，这本了不起的著作名为《指挥层：它的弊病与对策》。该书的主要论题是：军队规模的扩大"使得指挥层陷于瘫痪，这倒不是因为扩军让战略战术发生了变化，相反，是因为它令战略战术难以改变。这是一种增加作战人员数量，但绝非提高作战质量的方法"。简而言之，过去单独追求规模的问题又重新浮出水面。

除了规模问题，他还清醒地注意到一种同样能让指挥层陷于瘫痪的新技术：野战电话。这种发明就是在第一次世界大战中出现的，电子通信的影响从此被加诸于战争。从独立战争时期开始，在指挥部与国家首都之间已经可以通过电报建立联系，而电话的出现却允许战场最前线与指挥部之间有语音的交流。富勒究竟是怎么看待这个问题的呢？

在这次世界大战中，没有什么比一条"人链"更难以观察了，这条"人链"从战地指挥员起，到军团指挥官止。军团指挥官就坐在电话机旁边，随时准备着说话、说话再说话，代替了他们过去的领导、领导再领导。

富勒对于官僚机构臃肿和滥用野战电话的严厉警告，以及对它们造成的领导力影响的预测，竟然在75年之后仍然让人觉得其目光如炬：

这些事情如何影响指挥人员的个人素质？它们确实把个人素质的影响抹杀了，但为什么呢？参谋机构变成了一个全体控制的官僚机构，就像一个大章鱼喷着墨汁，扭动的触角伸向每一个角落。除非用斧子将这些触须全砍断，否则它就会像菲克的芒果树那样生长。它每生长一分，将领们的光芒就会被遮盖掉一分。它会造成许多新的工作，还会创造出许多新的部门。但最重要的是，它还会创造一种战争后方的情绪。战争一开始，总司令就变成了进入小人国的格利佛①，被下属参谋们耗尽脑力编制的无数丝线捆绑在办公室的凳子上……

现代技术的发展使得领导层之间的沟壑不断加深，令组织结构更加难以发生变化，这也导致了维持领导力的难题。现在，鲁道夫·朱利亚尼也越来越多地把注意力放在这个问题上，我们早先提到，在谈起警察部门的改革问题时，很显然朱利亚尼也显示了对机构等级制度问题的深刻理解：应该正视规模过大的问题，并像军队那样，让一个官员主持大局，对一部分人的工作进行直接监督，而让这一部分人听取其他人的工作汇报。除此之外再没有更好的办法可以管理纽约城了。不过一个市长能够对"拿破仑的望远镜"的效力怀有如此深刻的理解，本身就非常值得回味。

> 我当然也要依靠这个等级制度来工作，让副专员向专员负责，专员向副市长负责，而副市长向我负责。你必须利用某个结构把一切安排清楚，否则这些事情很容易变得一团糟。我认为应该有一个高度组织化的体系，而当有合适的想法和适当的情况出现时，又要有破坏这个体系的决心和勇气。当某个副市长手下的官员直接跑来找我时，这个副市长可能会觉得很苦恼。但我常常告诉他们，不管是谁——尤其是在专员和副专员这个级别的官员，只要有好的想法都可以直接和我交流。

这个市长既要顾全整个政府机构的一致性，又要像指挥官一样对关键场合进行直接干涉，他做得游刃有余。但是他真正的高明之处在于，他深

---

① 《格利佛游记》中的主人公。——译者注

知，对于一个指挥官、首席执行官或是市长而言，在情况非常危急的时候，必须将他的洞察力以直接干涉的形式显现出来，还要保证不破坏自己建立的指挥链，或是损害自己的领导权威。

对组织结构问题有着出色洞察力的另一个现代管理者比尔·乔治，是Medtronic① 公司的前任首席执行官。在他的新书中，他为自己虽遭受争议但并不惊世骇俗的观点辩护，他认为商业界所有问题的根源是我们未能把注意力集中在企业的使命或任务上；相反，股东、董事会以及首席执行官的利益被放大和膨胀，损害了雇员与消费者的利益。他特别提出了这个颇具煽动性的问题：

> 如果我们选择管理者的主要依据，是看他们是否具有在短期内抬高公司股票价格的能力而不是其个人品质，那么当他们出现缺乏诚信的行为时，又有什么好吃惊的呢？

此言甚是，有什么好吃惊的？如果你想知道使命和价值体系有什么实际作用，乔治也会毫不含糊地告诉你：

> 商业界最大的秘密实际上是：以企业使命为原动力的公司远比以财政业绩为驱动力的公司创造的股票收益高。相对于鼓吹短期投资收益最大化的说法，这更容易让人信服。

这种认为组织结构与企业使命具有重要地位的论调固然让人激动，但如果是出自朱利亚尼和乔治这两位地位尊崇的商业领导人之口，那就更加耐人寻味了。不过我们还应该注意到其他两种关于组织结构的重要观点。无须惊讶，这两种观点都出现在杰弗里·克雷默的优秀著作《最好的首席执行官都知道什么》之中。

英特尔公司的CEO安迪·格罗夫（Andy Grove）运用的组织学方法简

---

① 美国一家著名的医疗器械生产公司。——译者注

直可以用"制度化的偏执"来形容，事实上，偏执得近乎让组织结构成为一种完全动态的形式。格罗夫在他称为"战略转折点"（strategic inflection point）的概念上谈了很多，这个概念听起来很像战略专著中的术语，不过很显然，它帮了英特尔公司不小的忙。基本上，英特尔公司的员工们认为，只有那些差点就能把你毁掉的事物才会让你强大起来。

> 战略转折点能够给你带来希望，也可能带来威胁。只有当重大的变化来临时，你才能真正体会到"适者生存"这句话的含义。

在英特尔公司，企业文化的主要内容就是以危机感引导政策的调整。英特尔人乐于听取警告者的意见，对于热烈的讨论和辩论也十分推崇；他们喜欢亲身调查，对数据总持怀疑态度。他们的企业文化就是一种极端的战略警觉，是一种危机文化。在这种文化中，公司的一切安排都是为了应对可能发生的、持续而又剧烈的任何一种变化。在英特尔公司的经营之道中，这就是成功的代价。

最后一个例子是西南航空公司前任 CEO 赫布·凯莱赫的组织方法。如果你对我的领导学观念不是很感兴趣的话，那么最后这个不错的例子对你而言也不会有什么惊喜了。因为他本人是我和杰弗里·克雷默都很喜欢的企业家，而且人们常常只在提到下面的突破性观点时才会提到他，虽然这些观点应该变成常识，为大众所熟知：

> 如果你真的创造了一个理想的工作环境，在这里人们都全身心投入，那么你根本就不需要加以控制。他们知道自己该做什么，他们也会主动去做。员工们也会在一种非功利的、自愿的基础上，更加专注地投入到你的事业之中；你需要的控制机构和等级制度也就越少。

我读到这几句话的时候几乎想跳起来大声欢呼，因为我想到了两件事情：有一个 CEO 真正理解了这个道理；马克斯·韦伯不能再安心地躺在

115

坟墓中了。当你听到多位人力资源副主席提起"授权"的时候，也许你会觉得自己很不幸，不过恰当的反应似乎应该是到屋外呼吸一口新鲜空气，然后回办公室继续努力。

我们曾经试图在西南航空公司创造一个宽松的环境，让员工们可以有效绕开公司还算简单的管理结构，以免在他们做工作的时候把过多时间花在开会上（此处加重了语气）。在很多情况下，员工们都可以放开手自己干。我们的简单的组织结构要求员工们习惯于自己作决定，并主动努力工作。而组织结构越复杂，你就必须花越多的时间和精力去对付官僚作风，并保持企业精神。不管整个机构有多臃肿，你都必须让企业精神在公司内部保持活跃。

经验之谈：增加更多的官僚管理层对于控制危机并无益处。很显然，凯莱赫对这个原则理解得很深刻。它不仅应该被运用于西南航空公司，甚至在"哥伦比亚"号航天飞机失事之前，就应该为美国宇航局（NASA）所理解。

四个重要的问题

四个能力卓著的首席执行官的观点提醒了我们，一个机构应该是一个枢纽，联系着四种非常重要的因素：使命、战略、结构和价值体系。当朱利亚尼谈到结构的时候基本上讲的就是这个，安迪·格罗夫谈论战略时的中心思想也与此相差无几，凯莱赫对组织学的认识也基本如是，而乔治对于企业使命感和价值体系的迷失的感觉也来源于此。

由此可见，这四点非常重要，它们可以归结为四个基本问题。这四个问题在多年前我考虑什么是军队指挥控制的基础时，就曾经很仔细地思考过。它们是：

1. 由谁来指挥？

2. 指挥什么部队？

3. 运用什么手段？

4. 要得到什么结果？

由谁来指挥

没有比"由谁来指挥"更基本的问题了，这个问题与任务本身的联系非常紧密。谁是主管？对于一个任务，谁有责任、有义务并且了解完成任务的指导方向？这样的人处于什么职务？他是董事会的主席还是公司的首席执行官？这两个职位是不是由同一个人担任？如果是，那为什么会这样？对公司而言那是有效的组织方法吗？如果答案仍然为"是"，我们也许就找到了决策不能被轻松执行的原因。这个观点我们将会在后面的章节中更加细致地讨论，不过现在需要稍加提及：依据什么素质来选拔发号施令的人选？在选择他做领导人的原因中，有没有一点是因为在他面对不断加重的责任时抱有进取的态度？如果有，那么具体的表现是什么？他是否显示出一些迹象，表明那些品质是他的内在修养？是否无须在以后的工作中慢慢培养？

指挥什么部队

关于部队的问题在普通的意义下就意味着"与谁有关"以及"雇佣他们的战略是什么"。安迪·格罗夫将眼光紧紧放在战略上，让他的公司随时准备应对激烈的变化。这样的做法是很正确的，因为一个机构必须要保持足够精简、反应足够快并且足够灵活，才能迅速展开行动，应对变故。在反恐战争中可行的原则放到今天的商业战争中一样有效，例如，设定警戒等级；建立合适的联合部队，处理各种不同的情况等等。这里有一个组织学原则的特例：有时候团队并不一定是最佳的候选答案，相反，在这种时候恰当的个人反而是最佳选择——选择正确的个人，并赋予合适的权力。我们将对一个概念进行说明，不管是在军界还是在商界，它都是阻碍官僚等级层次的增加趋势的重要因素。这个概念与前美国空军战斗机驾

117

驶员约翰·伯伊德紧密相连，他认为一个指挥过程实质上由四个要素组成：观察（Observe）、确定方向（Orient）、做出决定（Decide）和付诸行动（Act），简称为 OODA。我们用这种循环过程来训练所有需要投入使用的指挥结构，因为任何一个指挥结构都必须比对手反应更快才能取得先机。我们要在对手的决策过程中进行决策。要那样做，你必须反应得非常非常的快。安迪·格罗夫说得很对，确实存在一种适当的战略偏执，对所有的公司或组织都有益处。请仔细领会，如果你建立了这样的指挥机构，你就可以轻而易举地通过该机构实现你的目标。那是当然的，对手的反应能够有多快？他们又能有多灵活？

运用什么手段

整个领导体系依靠什么程序和标准来协同工作，并形成和执行所有关键的决定？在这里最重要的标准就是共同性。如果文化差异很大的话，根本不可能制定出任何清晰的决定。协调各个单位的工作是一回事，协调各种文化又是另一回事。在商业界有一种观念：如果一个企业能够平稳发展，那么企业文化就是我们很需要，但是又不用过多操心的东西了。但赫布·凯莱赫却不这么认为，在战场上执行任务的多数联合特遣部队队员也持同样的反对观点。对我来说，最好的测试手段包含在我接受过的最好的行军命令之中，那是我接任亚利桑那州瓦丘卡堡一个 300 人连队的指挥官时所发生的事情。我常常把我的营级指挥官上司的命令放在身边参详。他通常一开始就为我解释任务内容，然后告诉我如何衡量执行结果。他会仔细向我说明，完成任务需要什么资源；在履行我自己的指挥职责时，军队将如何组织起来给予我最大的支持。再然后我的长官会坐回到凳子上，并问我："你还有什么问题？现在我已经把任务和执行任务所需的工具都告诉你了，如果你还有问题的话再回来问我吧。"呵，他这是在向我发布任务型的命令！那可能是我接受过的最好的任务型命令了，也是我顺利的指挥官生涯的开始。

要得到什么结果

关于结果的问题肯定会让我们想起目标。总会有一些东西吸引了我们的注意力，我们才会去做出相应的决定。那么，如何去衡量那些东西的价值和恰当性呢？这便是联系战略与基本价值体系的枢纽。比尔·乔治的观点对我们是很有益处的：如果发生了损害基本价值体系的事情，哪怕是一点点损害你也必须付出巨大努力才能补救。如果你们已经选择了恰当的价值体系和战略，那么这个组织的日常活动就会常常提醒你什么才是最重要的。因为只有在无能领导人的领导下，或是在没有前途的机构组织中，才有可能让这两个举足轻重的要素"随意变动"。

现在就以我自己的一个故事来结束这一章吧，这再好不过了。在到瓦丘卡堡接任那个连队的指挥官时，我就决定要竭尽所能地扭转军队纪律涣散的作风，这些作风在多年后曾被里克·阿特金森重新提起（见第四章）。过去在军队中所有人都必须和种族冲突、毒品问题以及酗酒问题打交道，但现在，这些都是我职责范围内必须处理的事情。我下决心要让事情有所改观，随后对每一组刚到瓦丘卡堡的训练学员，我都让他们到我的连队例行报道。我要向他们强调的重点是"目标"——他们为什么会被分配到这个连队来，他们在这里应该树立什么样的目标；然后告诉他们我对每个人的期望，就是希望他们都能像真正的士兵一样。在为他们介绍训练基地的规章制度时，我提到了那些规则中最重要的，也就是关于住宿的安排：在连队训练时是男女混合编制的，·而住宿安排当然不会这样。我向他们解释说，我们分别为男兵和女兵安排了独立的宿舍楼层，这是一贯的做法。接着我又问他们有没有问题。当然，从来没有人提过问题。

不过这次却是个例外。一个年轻的女士举起手来，说道："长官，我有一个问题。"这是不久后即将成为一等兵的勒妮·沃特金斯，这也是我与她的第一次接触。我轻轻地点点头，她就大胆地站了起来："长官，我很高兴来到这里，我也很高兴能够成为一名士兵。我既不喝酒，也不抽烟；我不喜欢毒品，也不会和使用毒品的人来往。不过，长官，我真的很喜欢做爱，我想知道在这个特殊的组织中，哪儿允许我干那件事？"接下来是一片死寂，安静得可怕。恍惚中，我好像被带回了候补军官学校，放在他们常常放映的领导训练电影面前，我看着晃动的镜头，听见一个虚无的声音对我说："现在应该怎么做，中尉？"现在我是一个上尉了，但仍然找不到半点头绪，究竟该做些什么呢？当你拿不准该做什么的时候，进攻常常是最好的策略。我斜靠在墙边，让寂静又持续了 20 秒，我盯着她的眼睛，说道："总之不是在我的管辖区域内，亲爱的。"为了达到更好的效果，我又大步朝前迈了两步。当然，此后她在美国陆军等级制度下取得了稳定但不明显的进步。在这个过程中，我和这个一等兵沃特金斯还发生了很多的交锋经历，有其他机会的时候我们再来分享吧！

目标是很值得拥有的东西，不过在那些日子中我学到的是：如果你不能承受那样的答案，那么最好不要提出那样的问题。

作战计划

任务目标

首席执行官们应该找出最好的组织结构，帮助他们分担肩头的重担。他们应该关注于组织学方法，这是能将领导能力、战略和价值体系联系起来的结构性手段。

- 整个美国企业界都有相似的发展纲要，他们依靠公司自成一体的组织形式和经过多年锤炼的业务拓展方法，来应付全球不计其数的竞争者。而这些竞争者们早就盼望着与我们短兵相接了，他们手握低价劳动力和投放市场周期短的优势，自然当仁不让。
- 上面这个结论的推论：不能够简单依靠增加更多的管理层来控制危机。

- 中央集权要求政令统一，而下属单位为完成工作需要一定的自治权，两者之间脆弱的平衡很容易被打破，尤其是在需要下属单位发挥巨大的灵活性与主观能动性才能把工作做好的时候。

- 在中央集权与各自为政的问题上没有对错之分，在旁观者的眼中是这样，在首席执行官和军事指挥官这些以调节此平衡为职业的人心中更应该是如此。

- 没有比权责一致更加基本的组织学问题了，也没有什么比通过批评现任指挥官从而夺取这一权力更加诱人。但是，取代当权者或是剥夺部下的权力（而且是由你自己任命的）其实都是一种很普遍的错误，那只会随着技术的进步而变得更糟。信任是你只能破坏一次的事物，一旦打碎，就再也不能复原。

- 从战略到基本价值体系，一个机构的组织结构可以反映这个单位日常都在做些什么，这也许会与他们告诉你的答案形成有趣的对比。

- 这样的结构可以反映这个机构的价值体系，如果一套价值体系与该机构的日常运作毫不相干，那么它根本就不能叫做价值体系，只能叫做公共关系。

- 拿破仑的望远镜：一个指挥官或是一个首席执行官，应该在事情非常紧急的时候，将他的洞察力以直接干涉的形式显示出来，不过在实施这个操作的过程中，应注意避免破坏整个指挥链，以及自己设立的领导标准。

- 商业活动中出现的问题大多都是由于企业未把注意力集中在企业使命上造成的。相反，股东、董事会以及首席执行官的利益被放大和膨胀，损害了雇员与消费者的利益。

- 一个机构必须保持足够精简、反应足够快并且足够的灵活，才能迅速展开行动，应对变故。在对抗恐怖主义的战争中可行的原则放到今天的商业战争中一样有效，例如，设定警戒等级、建立合适的联合部队，以处理各种突发情况。

- 确实是存在一种适当的战略偏执，对所有的公司或组织都有益处。

121

如果你建立了这样的指挥结构，那就可以轻而易举地通过这个结构实现你的目标。那是当然的，你的对手反应能够有多快？他们又能有多灵活？

第三部分

工　具

7 商业情报

——在商学院学不到的另一个细节

473 号山，国家训练中心，欧文城堡，加利福尼亚州，西 6 区

嗨！大家好！很好，你们都穿得西装笔挺！听好，通常我会通过电视和你们交谈，但是书籍有时候能更好地激发你们的想像力。就像现在一样，我们正在位于加利福尼亚州的欧文军事基地，就在莫哈韦沙漠边上。这里是陆军国家训练中心的大本营，也被认为是"坦克上的炮台"。考虑到外界人员来这儿训练等一些其他因素，这里有时也是国家伤病治疗中心。因为陆军尽量拉近它和战争的距离，来到这里就像来到前线一样。

日出在一小时之后才会来临，但现在已经有足够的光线让你们看清地表结构。确实，这里看起来像是以色列袭击叙利亚的地方，可能连萨达姆的军队也不屑于为这样的土地而战；它也很像是联邦机械化部队在毫无物质利益的情况下与散乱的印第安人战斗的地方。不管怎样，这里给人的印象就好像一个山丘，山丘之外是 Deadman 山口，再往远处望去是 Dust 盆地和 Washboard。从那里开始地形忽然陡地升高，一眼就可以看见大批从巴斯托驱车赶往欧文基地的人们，那条道路通往附近最近的市镇，当然，那就是 Awshit 山。

125

在"二战"之后陆军选择这里作为军事基地的原因，并不是因为其"风光"优美，而是因为它那广阔的空间，这实际上是指罗得岛面积广大而且也没有那么多民主党人。回顾20世纪70年代末期，由于新一代大规模集成电路计算机的产生和对付迅猛崛起的老对手苏联的需要，陆军必须为国家训练中心提供先进装备。不用伤害任何一个人，电脑就可以演算出战争双方谁输谁赢、谁被谁击中、被什么武器击中以及在多大范围内击中，这些工作正是预测工作和事后报告的大部分内容。后来由这个系统产生了模拟敌方部队（OPFOR）。

试想一下：你能看到山上奔流而下的小溪中的微尘了吗？嗯，用我的军用望远镜去看看吧。这里的微尘代表着一种运动状态，或者是正在移动的一大群动物，或刚才提到的模拟敌方部队。看那远处，那可能是一个正在向埋伏点就位的连。在你即将看见的例子中，模拟敌方部队代表的正是对立的一方，这是国家训练中心的真正特别之处，我们在这里拥有世界上最好的苏式装甲军团。当然，俄罗斯如今在某种程度上是站在我们这边的！但是模拟敌方部队也可以很方便地应用于伊拉克、叙利亚、伊朗或者是朝鲜。

模拟敌方部队一直都是存在的，所以他们对训练本身了如指掌。他们非常了解对手的战略和装备，同时作为美国军队这支部队也很了解我们自己的情况。这说明什么问题？基本上讲，也就是说一直有一群人在和美国常规军队发生战斗，而他们的战略战术、组织方法以及领导方式都保持着世界一流水平。如果真是这样，那么我们的军队就永远值得我们信赖了。很多人传言说，一些美国部队从第一次海湾战争战场归来后便在公共防御体系中享清福。事实上他们不久就再一次回到了国家训练中心，其中的某支部队还会被安排与模拟敌方部队作战。在任务报告会上他们将被告知，下一个将要面对的强敌是谁——可能仍然是伊拉克哦。

当和平时期的训练甚至比战争本身还要艰苦时，你就能赢得战争。这就是我们设立模拟敌方部队的原因，我相信你也会这么做。噢！你还没有这样做？那你们的情报官一定会准备一些很好的"军事演习"来测试公司战略吧，例如，像新产品投放模拟或特别项目之类的方法。都没有吗？是真的吗？难道你不认为从某种角度讲企业竞争力应该通过你自己的计划表来体现吗？当你的经理和主管们知道自己有一个时刻监督着自己的上司时，他们会比平时更加努力一些？这个问题的答案不会太出人意料，不过也请不要动怒。

商业情报（besiness intelligence），有时也被称为竞争情报，是下一个即将讨论的主题，我们将和读者探讨一下商界可以从军界学到什么。首先要澄清一点：商业情报就是商业情报，它并不是指竞争者的信息，也不代表市场营销，当然也不是间谍行为。我有什么资格讨论这些问题？呃，事实上，我确实有这种凭证，甚至还有徽章。那是卢塞特公司在我退休时颁发给我的。在"冷战"中最艰难的日子，我们一起对付苏联特工和西德恐怖分子，这个奖章也算是对过去岁月的一种纪念吧！我经历了将战争情报运用于实际战场的改革，多少也为改革出了一分力。从那时开始，我就尝试让商业领导者们明白，只要他们有这样的要求，就能知道许多这样的技术和方法。因为政府现在非常清楚，在以往那些政府拥有特权的"资源和方法"上他们已经不再享有垄断权，但是，真正有意义的问题是：你有没有主动寻求这些技术？

我将坦诚地告诉读者我自己的另一个故事。那发生在我刚从候补军官学校毕业的时候。我等着接受下一步的深造——那是少尉通常的做法——被分配到一支部队，那里的军士长脾气极为暴躁，他曾经在朝鲜战争中的步兵团服役，还去过两次越南，可以说是经验丰富；他也不羞于告诉少尉他们在陆军中的真正地位。（事实上，他一直在准备出版自己的回忆录：《我爱的女人们和我认识的少尉们》，但我怀疑他找不到出版商。）军士长确实有一些让人信服的事迹，其中就有一个和战略情报有关。最后一次到越南时，他被营里的情报官派到电台做情报员，监视军营周围的情况。在他们前方大概 1 公里远处有越共的一个班似乎要投降，于是他们离营进行调查——几小时后在回复司令部的消息中，我们的军士长做了小小的修正："那不是越共的一个班，是北越的一个连；他们也不是想投降，他们是希望我们投降！"

不用多久你就会发现，陆军军方并不比这位军士长更重视战争情报这个特殊的战场。越南敌人的难以琢磨至少表明：忽视这个范围最广的战争，或是让不称职的人担任情报工作是多么的不明智。一位越战时期的将军叹道：

> 我知道寻找敌人将会是最艰难的任务之一。那时我想到也许我们可以用这种方法来判断敌方游击队员，他们晚上是农民白天是战士，所以总会有黑眼圈。但真正开始执行的时候，我们的监视工作却要复杂得多了。

20 世纪 70 年代初，我在德国为我的上级作报告时，一个和我一样急性子的上尉给了我一个简短的命令：中尉，你应该假定所有少校以上级别的情报官都是不称职的，然后寻找证据否定这个假设。这是多么精彩的建议！

有一件事我要提醒所有的企业官员读者：军队能取得进步是因为我们别无选择。1973 年的赎罪日战争让大家大吃一惊。你认为威胁企业生存的经营环境要更加艰难？俄罗斯一直都比美国庞大，但是这场发生在中东我们各自盟国之间的令人绝望的战争表明，我们与老对手苏联已经缩小了在质量上的差距，并且此时美国的战略重心还放在东南亚上。那场战争也为我们提供了关于信息时代新式武器的认识：能看见的就能被击中，能被击中的就一定能被消灭。

我们逐渐把各种情报技术结合起来，包括信号情报系统（Signals Intelligence，SIGINT）和模拟情报系统（Imagery Intelligence，IMINT）以及一些传统的方法：行动安全、审讯方法和地面监视。这些工具由战术指挥官们掌握。他们也逐渐明白出色的情报工作不仅是战争胜利的关键，也

128

是军事指挥的基本根据。与其他军种收集的信息综合起来构成完整的战争形势图，就会带来接二连三的胜利。海湾战争将结束时，空军的雷达——一般装有雷达的空军直升机被称为目标攻击雷达系统（JSTARS）——正是歼灭科威特外"死亡干线"（highway of death）上伊拉克军队的直接传感器。从那开始，军事情报的发展可谓一日千里。信息化和精确制导武器相结合的军事改革（见第三章）意味着情报官必须兑现战争指挥官每天开出的"支票"。在伊拉克自由行动中，情报搜集水平和足以支持战争信息流量的带宽都得到充分的展示。在追踪敌人、确定己方军队方位以及决定最佳攻击方式等传统问题的基础上，现在又产生一连串的问题，这些问题只能由一整套传感器、军用软件和通信匹配的基本设备来解决：

- 一系列无人驾驶飞行器穿梭于战场上空数小时，对战地情况进行连续性监视，在打击目标可被瞄准时偶尔也可作为发射平台。
- 以一系列空中监视平台作为补充——从飞机到卫星——无论在白天黑夜都可以查明伊拉克军队的位置，即使是在罕见的沙尘暴气候条件下仍然不会放过任何细节。
- 精确导航系统可以让指挥者准确区分敌我。有了这些信息，飞行员就能够拟订出一系列详细的空袭计划，既能精确彻底地击毁伊拉克目标，同时又能极大地避免对民用目标造成意外损坏（虽然这种损坏不可能完全避免），并将长期存在的"误伤友军"问题最小化。
- 以网络为中心的行动方式使得从前线到五角大楼在内的所有部门都能完全共享信息。众所周知，以往各军种之间缺乏有效的协同作战能力（"我们只有共同的旅行代理"——某将军语录）。现在各军种之间以及和其他伙伴之间都建立了普遍深入的联系，允许他们交换电子邮件和图表，也可以在大范围的各等级指挥部之间进行互动的聊天室讨论。

信息流动的战术结果可以从几个方面来看。在伊拉克炮兵部队的具体位置被美军地面和空中监视系统观察并固定之前，他们几乎都还不可能开火，这些信息会被迅速传送到陆军的地面基站或战斗机上，随后就是由导弹或大炮执行的精确彻底的还击，这一"由发现到打击"的过程通常会在分秒间完成。伊拉克的空中防御部队很快就发现，启动他们的火力控制雷达就等于迅速招来难以抵抗的打击。因而，伊拉克多数时候就像个瞎子一样进行攻击，而他们的对手美军对目标却往往是一击即中。

不言而喻，五角大楼组织的以网络为中心的高水平战争行动，并不代表拥有适当信息技术能力的中等企业就不会衰落，除非你继续考虑下面的事实：

1. 整个网络必须经过两次整顿和移动。第一次是从美国大陆到科威特，第二次是从科威特到巴格达。其中第二次势必发生在各作战单位交错前进，同时带走自己的信息工具的情况下。

2. 还有其他的干扰，我们也应当了解：高温（夏天高于华氏120度，即摄氏43度）；风沙（罕见的沙暴气候）；振动（有时物品在运送中会被震坏）。除此之外还有另外一件事情：各种各样尝试消灭你的狂热分子。

3. 这个网络上进行的信息传输必然有安全性的要求，这也是"二战"后呈现的事实，但这种要求增加了传输的合法性和实用性限制。

对一个情报系统的实际测试不仅仅是简单地测试支撑系统的通信主干道，还要测试信息传递的质量。那么，我们是怎么做的呢？

当战争进行到一定阶段，已经出现一些结果时，最忌讳的就是贸然判断这场战争的结局。尤其是在每天都还会发生大规模交战，并且这种判断会带来政治上的影响时，则更应该谨慎。不过，毫无疑问的是：一场美军在战术、武器装备和整体效率都占有压倒性优势的战争中，我们对情报的判断和分析竟出乎意料地混乱。有两个极为重要的问题：

1. 伊拉克并没有利用大规模杀伤性武器来对付美军，相反，其他武器却运用得很多。要命的是，大规模杀伤性武器正是美军入侵伊拉克的颇受争议的理由。

2. 萨达姆大量运用非常规军队，而在他倒台之后，伊拉克出现了令
美军始料未及的游击战。

驻伊美军的新指挥官约翰·阿比扎伊德（John Abizaid）将军向参议
院军事委员会做了这样的评估报告：

> 从技术层面上讲，这是我见过的最精确的情报系统，也许在操作
> 层面上也是。但如果涉及大规模杀伤性武器，它在战略层面上就不完
> 全是最完善的了。这的确令我迷惑不解……我们找不到任何大规模杀
> 伤性武器，但是又有充分的证据证明它们存在……我无法给出合理的
> 解释……

在技术和操作层面，阿比扎伊德的陈述重点说明，美军的情报机构什
么都不缺，就缺实际存在的大规模杀伤性武器。他是第一个宣称对伊拉克
的占领陷入到游击战泥潭的美军官员（就在接替汤米·弗兰克斯将军之后
不久）。搜集游击战所需要的情报更像是治安工作的内容，而不需动用战
场上用的"上帝之眼"高科技雷达。审问、侦破、获取情报、搜捕、调查
以及拘留，就是这个时期的日常工作。虽然国防部的高级军官们仍然认定
接管是顺利有效的，但有足够的理由怀疑这种说法。在越南，军事情报必
须克服很多制度缺陷，类似的挑战也正等着这一代的美国士兵，他们在别
人的土地上面对着顽固的游击对手。

伊拉克的大规模杀伤性武器也带来了一个恼人的问题：美国的情报系
统是不是失效了？战略与国际研究中心的安东尼·科德曼认为，对情报技
术，尤其是对军事改革的重要成果——监视和侦察（IS&R）系统——的
依赖，也许已经产生一些意外的结果：

- 美国缺乏足够的地区专家、技术专家和懂得各种语言的分析家，
所以未能使系统的传感装置和收集装置发挥最佳效果。

131

- 在锁定建筑物目标的能力上美国可以说非常强大，却不擅长获知建筑物内部的动态，对各种建筑结构进行打击的效率也偏低。

- IS&R 系统忽视领导力因素，夸大 C4I 的重要性，过分重视固定的军事工具。

- IS&R 的传感和分析功能过分专注于那些装备重武器的大型部队，而忽视步兵和非常规部队的力量。对于依靠轻武器的人员和军队，该系统工作效率较低。相反，它对武器平台和军事发射器的定位和描绘要精确快速得多。

为了减少附加破坏和降低平民伤亡的风险，IS&R 系统采用了很多专门的设计。然而，该系统却不能对平民伤亡和军队伤亡进行评估。

简而言之，我们依赖这些系统找到并摧毁了伊拉克的主要战斗力，它们是战争胜利的关键。但是，拥有强大能力的侦察系统并不能解决所有的军事问题，绝不能靠它们去对付阴谋和诡计，其中就包括大规模杀伤性武器。任何一台摄像机，不管是多么精密，也不管是安装在卫星、飞机还是一只蜜蜂身上，都不可能看穿一幢建筑物、一个洞穴或是一座城堡，也不能洞察敌军司令的想法。他们能做出标记，但不能代替人类的判断。在我举的伊拉克例子中，对大规模杀伤性武器的搜寻，往好处说只是一个枝节问题，往坏处说则是一个在第一次海湾战争结束时就该彻底解决的问题，但到现在仍然无法解决。但这不是情报的问题，而是关于判断和政治的问题，信息再充足也不能为这种问题提供答案。

情报方法也可以为商界领导人出谋划策，这可以是一种不错的转变。如果生活地位的上升意味着将有越来越多的人给你带来烦恼，那么你至少还可以在每步行动前利用情报方法得到一些关键问题的答案。孤立的商业情报不可能回答所有的问题，也解决不了全部难题，然而，只要使用得当，它还是能够让你事半功倍，而且在每一步的行动中都将有更多智慧的交流。

商业情报：资源和方法

假如你是一个首席执行官，你认为你们难以获取有用的情报，因为你的企业不具有五角大楼那样数十亿的投入，那么我还是请你三思。情报界提醒我有这样一句名言的存在："生活本身就是一场盛宴，但却有很多可怜虫食不果腹。"实际上，企业情报的来源在很大程度上依赖于那些知道该如何寻找、到什么地方寻找的人们。原因很简单，因为信息的数字化。这并不是说商业间谍行为不是 CEO 们必须应对的威胁（下章将详细论述），但是更不容忽视的一个基本事实是，各种数字化信息的出现和信息量的不断激增，已经永久地改变了当今企业领导者的运作环境。

由于国际互联网的枢纽效应和互动效应，数字革命对个人生活所产生的影响比对企业要更明显一些。我们曾在第二章提及这次变革的一个伟大见证者——托马斯·弗里德曼，在他一部很受欢迎的著作《名牌车和橄榄树》（*The Lexus and the Olive Tree*）中描述了一个可以令很多旅行者产生共鸣的故事。这个故事发生在一个旅馆，主人公弗里德曼被锁在了房间外。由于他穿着一套浴衣，既没有带房间钥匙，也没有任何能证明自己身份的证件，而他曾和自己的两个女儿在这里住宿过，因此旅馆要求他说出他和两个女儿的年龄，以确认客人的身份。在电子时代，旅馆还可以利用诸如"社会安全号码"的最后四位数字、妈妈的小名或生日，以及顾客为了确认身份而提供的各种个人信息。弗里德曼同时还强调说，对于这些信息的搜集，没有人拥有垄断性权力，所有人都可以自由收集。

最重要的是，当个人电脑成为理性消费者手上的得力工具时，小公司似乎也能够合理利用网络和那些个人信息，介入到将来激烈的竞争之中。俄亥俄州立大学的一位市场营销学教授说："确切地说，21 世纪应该被称为消费者的世纪。"因为他们拥有更多的选择权力，同时由于企业为争夺销售市场进行激烈的竞争，各种各样的网络资源使得价格控制和相关信息被公开化。

有证据表明，某些公司别出心裁地把单个消费者的偏好连接起来，制

133

成商业情报图表，但大多数公司都还没有这样做。如果把这些信息都公布出来，其信息量之巨肯定会让读者大吃一惊。那都是些什么信息呢？只要访问竞争情报从业者协会（SCIP）的网站（http：//www.scip.org），你就可以发现很多线索。确切地说那不仅仅是线索，而是各种竞争信息的详细说明。如果你有能力，这些信息就等同于商业情报。拉塞尔·塞克是竞争情报从业者协会的一员，他还担任胡佛（Hoover）公司——一个追踪跨300个行业的18000家公共和私人企业的在线数据库市场营销部的执行副主席。"这就意味着只要我们不断搜集各种新闻、公众档案和各种能够确定公司实际运作情况的信息，就一定会有用户使用。"下面是几种很重要的信息资源：本地的新闻渠道，SEC的10-K和10Q表格，年报，传媒报道，从属子公司、合作伙伴和顾客处获取的公开信息等。

另一名竞争情报从业者协会的成员西娜·夏普补充说，商业出版物也是寻找竞争情报的一种宝贵资源：

> 人们对信息——特别是目标式信息的兴趣日渐浓厚，使得每年新增一千多种商业出版物。事实上，每一个行业都会有30种到100种商业出版物，然而仅仅有两种到三种知名的出版物拥有广泛的读者。而且读者们可能根本没时间关注其他的文章，他们关心的是与该行业相关的重要有效的信息。

的确如此。不过，对企业来说，难道目光犀利的公共关系官员不会深入调查所有的媒体报道（特别是商业出版物），并对所有有关本公司的竞争情报进行出版干预吗？不，并不完全这样：

> 即使特别机密的信息也有泄露的途径。致力于信息技术的行业出版物会披露每一个成功的私人食品公司的财务细节，为了将技术体系方面的资料纳入考察范围，他们还会公布一些背景材料（有关财政的和营销的材料）。简单地说，一家运作成功、成长迅速的私营连锁鞋店，关于它的一些财务、运作和战略信息……会出现在一篇旨在报道

134

本地零售业的文章上。

　　如果你看到我嘲笑这种观点，那是因为情报军官对待自己的工作时沿用传统的警界观点：假如所有的罪犯都足够聪明，则没有任何犯罪案件能被破获。用到这里就是，假如所有的指挥官、部长和内阁官员都是天才的话，则没有任何人能损害机密信息的安全。与上述观点截然不同的是，人类活动常常伴随着许多随机性的事件，有时候那些事件会不经意地揭露出十分敏感的信息。

　　然而，阅读商业出版物或是求助于其他间接的数据资料来源并不是获取敏感数据的最佳途径。不，最佳途径是雇用专业人员——我说的不是商业间谍，而是或多或少懂得如何提出好问题的人——你剩下的工作就是仔细聆听他们的报告。作为情报官员，不管是塞克还是夏普，都非常了解这种人的价值，以及他们挖掘原始资料信息的能力。那么这里面都包括哪些人呢？塞克列出了销售人员、招待员和下列人员（尤其重要）：

　　　　当你在研究私营企业时，人力资源部门的员工尤其有帮助。设法弄到一份行政人员的名单然后把他们输入新闻组或者网站搜索引擎，就可以获取该公司领导队伍的背景资料。

　　或许，在这个开放的社会中，开放只是许多特性当中的一个，但是当你很有礼貌地对别人提出这样的请求时，他们给你的回答可能还是会让你大吃一惊。我第一次了解到这种令人惊讶的开放是在担任选举情报官的时候，在一次采访期间有人给了我一份按照主题首字母顺序排列的诽谤性报告！如果非要找原因的话，那就是因为某些公司对所谓的"低水平的管理人员"太过苛刻了（明显假设他们什么都不懂），以至于对这些管理人员进行的任何诱惑都能起作用——通过电话用亲切热情的语言那就更有效果了。

　　还有一个商业情报来源，那就是网上聊天室。根据智库公司（一个公开消息来源的情报公司，处于业界领导地位）的首席执行官戴维·罗思科波夫的观点，这种聊天室是获取本地信息的重要渠道。如果你靠商业买卖谋生，如在阿根廷，当地聊天室的情况你可能会比较感兴趣：在任何时间，都会有大约 200 个网络聊天室为你提供关于当地重大事件的丰富信息。了解到他们在聊天室里谈话的内容，就意味着像掌握行话甚至是方言一样地掌握了西班牙式的工作知识。"从本地原始信息出发得到的看法，可以直接驳倒假想的主流观点。"而且，那些没有经过过滤的信息可以帮助你了解到事实的真相——从有关 SARS 病毒的最早警告到一些更直接的竞争情报。

首席执行官通常不需要这种没经过加工的信息，甚至在国际竞争中也是如此。罗思科波夫把这些执行官比作可能完全了解飞机内部运作情况的飞行员。"但是，如果在没有获得最新的外界信息之前他就贸然起飞的话，那将是非常愚蠢的。这些信息包括：天气信息、航空交通模式，以及预定飞行路线的高度数据等。"尽管对任何企业来说竞争情报都是一笔价值连城的财产，但这种信息能给予首席执行官最大的帮助就是断绝任何对"无惊慌主义"的不经意的破坏。"无惊慌主义"对于我跟随过的许多上司而言，都是不容怀疑的坚定信仰，也是第一位的重要行为指导：无论发生什么事，无论事情复杂度有多么的出人意料，都不允许出现任何程度的惊慌错乱。令人惊奇的是，从首席执行官到最基层员工都常常违背这个规则。他们任由自己被责任之外的事故所惊吓，就好像罗思科波夫描述的那个循规蹈矩的飞行员。危险是很容易事先预见到的，只要你简单地关注一下正确的信息：股市的波动情况，物价的改变情况，甚至包括政局的变幻等。的确，就像话剧演员雷德·福克斯所说的那样："生活是艰难的；但是，如果你不够精明，生活将会更加艰难。"

应 用

调用与行业相关的数据库资料、追踪贸易杂志动态、用本地语言实施网上监视……除此之外为了获得有价值的商业情报，你还需要些什么？立刻浮现在我脑海中的是洞察力和专家意见这两个传统要素，也正是这两点，把外行同致力于为客户提供专业的商业情报产品的公司区别开来。事实上，在信息时代，收集数据并没有什么诀窍可言，但必须对这项工作有一定的理解，具有对信息的敏锐感觉。在筛选和提炼数据、搜寻能使谜题迎刃而解的可靠证据时，这种专业能力也是非常重要的。所有情报公司都有固定的分析家坐镇，但因为供养这些专家的成本很高，于是情报公司与企业和学术机构的专家们签订了各种各样的协定来充实自己的专家队伍。就拿智库公司来说，他们拥有由区域性专业人士组成的全球"专家系统"，该公司的分析家们可以就客户感兴趣的所有问题求助于这个系统。

这些服务有什么价值呢？下面是与法律建议、税收建议或军事建议一样简明的答案：它们的价值在于能在了解事实之前提出正确的问题，在于执行建议的及时性。就像其他大多数情报官一样，戴维·罗思科波夫的经历使这两个方面都得到验证。位居《财富》杂志十强企业之一的某客户曾经对印尼市场怀有浓厚兴趣，该公司自己的专家建议，应随着公司在印尼的发展，与苏哈托政权建立更加密切的联系。但智库公司给出了相反的建议：苏哈托政权腐败丛生，不受欢迎，如果联系过于密切，那么当该政权倒台时，公司必然会受到很大的影响。客户听取并且接受了这个建议，后来苏哈托政权果然被推翻了，该公司也躲过了那场可怕的灾难。相反，孟山都公司（Monsanto）信赖自己的专家所作的假设：转基因作物将在欧洲受到欢迎。于是，他们将所有的"鸡蛋"都放在了转基因作物种子这个"篮子"中。智库从他们对欧洲当地的媒体和互联网聊天室的调查中发现事情并非如此。但为时已晚——等孟山都公司意识到自己的错误时他们已濒临破产。

现在，理解和预测地方和区域性市场的变化已经成为跨国公司首席执行官的基本任务，来自国外的重大竞争挑战一点也不比国内的弱。有两篇《哈佛商业评论》的文章，我们要求乔治敦大学的学生必须阅读，而且要理解突破性技术带来的挑战。突破性技术是足以改变一个行业或者一条产品线的技术革命，同时对任何必须掌握这些技术的首席执行官来说都是对能力的一种挑战。有充分的证据表明，商业情报日益重要的一个功能便是摸清变革的过程和脉络，当然那也是首席执行总裁做出稳妥决策的基础。

EMC 公司就是一个很明显的例子，这是一家总部设在马萨诸塞州的技术公司。他们注意到同行业的有力竞争者通用数据公司（Data General）开发出一款新产品，包含着潜在的突破性技术。在日益注重成本的数据存储市场上，EMC 公司一直拥有很高的市场占有率，而通用数据公司所推出的新产品是一种高效、经济的市场解决方案。这就出现了一个很有意思的问题：对手的策略是提供更高的容量同时增加一定的成本，面对这个威胁自身地位的挑战，EMC 公司将会采取何种行动？他们手中的选择（能够想到的）包括：利用反向工程模仿通用数据公司的产品；提高自身技术或推出事实上的行业标准以帮助竞争；把这块领域留给通用数据，避免和其正面冲突，将实力转移到其他产品线；收购通用数据公司。

幸运的是 EMC 公司本身就很注重培养搜集竞争情报的能力，近几年他们已经拥有了较高的情报水平。而且，包括其管理层在内，整个公司对突破性技术的一系列问题都很有研究。也许正是由于这些原因，在 EMC 公司竞争情报部拥有非比寻常的地位，他们有机会直接向董事会提交竞争情报报告，而董事会不仅对公司的管理拥有绝对的发言权，还能控制公司的日常管理。在这个例子中，竞争情报不仅得到高效的互联网监控的支持，同时也兼顾了销售人员、优秀行业分析家以及公司忠实顾客的意见（最后一点是一种非常新颖的创意）。

通过系统、广泛的搜集活动来获得情报是一种耗费不菲的行动方式，但却能与现实以及良好的商业原则相结合。搜集成果带来的最终结果是：EMC 公司以 11 亿美元收购了通用数据公司——可真是笔大买卖。正如不久后 EMC 在公司报告中所称：

> 在收购通用数据之后的三个月内，我们成功地整合了它的 CLARiiON 存储器生产线，还包括其技术部、研发部、制造部、客户服务部、销售部和市场部；并将通用数据的 AViiON 服务器部门建立为 EMC 的独立分支机构。

事情最后的结果是：因为出色的竞争情报工作，本来会威胁到 EMC

公司生存的突破性技术，反而为该公司带来了一个经过整合的（高度成功的）子公司，生产与自身互补的产品，顺便也确保了 EMC 公司的行业领导者地位。如果你认为收购通用数据公司的价格太昂贵，那就试试评估失败的代价吧。对于明白自己在干什么的人来说，就算他们起步时并没有特别的"内部知识"，情报也可能发挥很大的力量。下一个故事用在后面讨论安全的章节中也许更为合适，但若要深入讨论一种坚定深刻的情报方法——在辅以简单易得的信息工具和一点坚定的思想后可能发挥的作用，那么这个故事将是最有力的佐证。

故事发生在俄克拉荷马城大爆炸之后，克林顿政府对这个事件和其他事件所做的研究，导致 1996 年 7 月 15 日第 13010 号政令的颁布，该法令宣告"关键性基础设施保护"是一项重要的政府工作目标。这条法令应该引起足够的重视，因为它就是现在大家熟知的"本土防御"思想。1997年初，我从陆军退役，为了维持日常收支平衡，避免无所事事，我到北弗吉尼亚的一个小公司工作，该公司专门帮助国防部测试后者容易遭受网络攻击的弱点。

为了争取到国防部的订单，这家公司策划了一项天方夜谭式的创意：实施对"基础设施"的缺陷测试，以找到它们的电子和物理弱点。但是在这项计划中有一些关键性的局限：它将依靠互联网来收集信息；没有使用任何有价值的机密情报和信息；尽管分析师们都是富有经验的情报官，但他们私下也承认，并没有任何"内部信息"可以为研究提供指导。可能的测试目标包括：天然气和石油储存、电力输送网络、电信系统，甚至还包括自来水供应体系。

尽管按照"传统智慧"的观点，核电站几乎是无懈可击的，但是分析家们仍然迅速地把精力集中在核电站的安全研究上。在 1993 年参议院的陈述会上，FBI 情报部门的发言人说："联邦调查局认为核电站不太可能成为恐怖袭击的目标，因为它们受到相对更好的保护，攻击难度更大而且要冒更大的风险。"但分析家们仍在不停寻找可能被攻击者所利用的核电站潜在缺陷，他们发现：人们可以轻易在核电站附近进行侦察；可以把网络攻击与物理攻击结合起来，这种攻击方式还有待进一步研究；在"三英

139

里岛"事件①之后，大众对核电站的恐惧心理始终存在。令人惊讶的是，美国核管理委员会所维护的网站竟然鼓励人们进行检查、监督和宣传。很显然，"公众知情权"和第一修正案正是核管理委员会代表美国民众签署自杀性条约的两大正当理由。

终于，分析家们找到了一个具体的目标，那是美国本土某处的核电站，该单位有多处安全措施违规，可能还有更深入的问题。分析师们刚开始工作，就发现网站上有核电站的反应堆图表和其他工程图的有效链接——那可以帮助他们对核裂变材料的储存地点做出合理猜测；而放在工程图之前的现场示意图，则向人们暗示了反应堆和关键后备系统的最薄弱区域，方便大家进行物理攻击；一份安保人员资料也很容易为外部人员获得，而且内容非常完整，包括姓名、地址甚至关键负责人的照片；最后，核电站还提供了一份让人难忘的文件，具体记录了当地社区紧急应变系统的各种数据，包括易阻塞点位置以及无线电广播频率等。总之，如果你是基地成员，并且想要制造一场美国版的"切尔诺贝利"事件，你只需要一部已经联网的调制解调器，然后点击鼠标，就能做好周密的计划。

提交了无数的代理简报之后，我们在 1997 年 5 月 14 日将这些信息公之于众。《华尔街杂志》用以下标题做了报道："致命的互联网安全漏洞"。我们盼望着公众意识到核管理委员会把他们置于风险之中，我们期待着公众不可避免的骚动，等待着国会的关注，等待着奥普拉（Oprah）或菲尔·多纳胡②的表态。但，完全相反的是，政府机构对此完全不屑一顾，生活依然继续，没有丝毫改变。直到"9·11"事件之后的一个月，核管理委员会维护的所有网站都被神秘地清除了——尽管最初建立网站的人并未因此遭受不幸。我们从来不曾使功利的政府做出我们期望的行动，但是，大家耗费的总计 400 个小时的努力或一个人一年中 20% 的工作时间，与所引起的效果相比，并不算是亏本的投资。

---

① 1979 年，靠近哈里斯堡（Harrisburg）的三英里岛（Three Mile Island）核电站发生事故，造成危险的核辐射泄漏。——译者注
② Phil Donahue，与奥普拉同为美国著名脱口秀主持人。——译者注

反 思

对于那些自认为难以承担昂贵商业情报费用，或认为自己在商业情报方面无懈可击的首席执行官来说，教训就不只是用 400 个小时的工作时间可以挽回的了：要么依据不存在的或错误的情报制定一个鲁莽的计划，要么把深思熟虑的战略决策赤裸裸地暴露在竞争对手面前。毕竟，对一个具有普通智力的情报官来说，如果发现核机密不算什么难事的话，那么发掘邻居的战略计划又能成为多大的阻碍？那当然是小菜一碟，这些发生在自己身上也不是不可能的。

现在的实际情况就是，在竞争日益激烈的商业环境中，使用情报就像在战争中使用武器一样重要。不是每一个公司都会讨论商业情报技术，但是，优秀的企业都在使用它，而且使用得很好。世界上最大的商业连锁店沃尔玛公司的创始人山姆·沃尔顿（Sam Walton），坦言其成功的要诀："人们都认为我们是依靠在小城镇开大店而取得成功的，事实却不是如此，我们的发展壮大得益于利用商业情报减少了库存。"在维吉尼亚州布里斯托尔市的沃尔玛连锁店中去选购相机电池时，我就情不自禁地被他们的牛仔服饰所吸引。当我购买了一条之后，有三个信号同时从收银员那里传出：其中一条发向连锁店经理，一条发向沃尔玛总部，而另外一条发向供应商。

供应商的任务最简单：他们只需要清楚沃尔玛店货架上每种类型牛仔裤的数量即可。实际上，那个货架是他们从沃尔玛公司租赁的，而连锁店经理的工作是精心安排商品的摆放，以吸引像我这类的潜在顾客。这些连锁店就是沃尔玛传奇的组成部分。通过研究这些数据，经理发现啤酒和尿布之间存在着特定的联系，尤其是在每周五，这种关系最有规律。更进一步的分析证实：为了完成妻子交给自己为孩子买尿布的任务，他们下班后会去沃尔玛购物，当然也不会忘了为自己买几瓶啤酒。于是店方把啤酒和尿布摆放在一起，这一举措，果然带来二者销售量的同步增加。

沃尔玛建立了属于自己的数据仓库，获得了独一无二的信息情报优势，颇具战略水平。就像卡纳维拉尔角空军基地的设备装配大厦，甚至拥有自己的天气系统，沃尔玛数据库的绝对规模使其拥有了相当的信息优势。它所包含的据传存储信息的设备占地超过 140 平方米，数据量共达到 100TB（1TB ＝ 1000GB）之多，而一本包含 1GB 数据量的书籍厚度比珠穆朗玛峰还要高！通过这些数据你可以了解到某种商品在什么时间什么地点售出，甚至还附有非常详细的原因。许多书在讨论到沃尔玛的竞争优势时，都忽略了这种对信息的掠夺式利用。这和戴明所说的"深刻了解主题"有相仿的含义。当那个主题是确切知道你的顾客想购买什么时，这样的了解就不仅仅代表深刻了，它还代表着利润。

无论是利用纯粹的商业情报方法（EMC 的做法），还是像沃尔玛那样开发自己的数据库，这些方法都代表了解决一个老问题的新思路，那就是危机问题。商人们控制风险的传统方法很简单：避开它们。风险管理仅仅是一种复杂的手段，以达到尽可能远离风险的目标，就像华盛顿的居民听到暴风雪到来的消息时立刻丢弃自己的汽车一样。但是当商人不能避开所有的风险时，他们就会像统计专家那样解决面临的问题：把风险扔在"黑盒子"中置之不理，仅统计幸存者的数量，如果这个数字在预先计算的数量范围之内，则认为风险是可以控制的；又或者像阿奇·邦克①经常挂在嘴边的那样：听天由命。很明显，这是一种很原始的工具，就像原始部落的数字体系中，数字的概念仅限于一、二和很多那样。

一个稍好一点的观点是利用传统意义的情报，或当今军事部门所说的"事态意识"（situational awareness）去打开这个黑盒子。对威胁的理解如果更加精确，相应地就能提供更为准确的风险评估和更有效的风险控制对策。在军营里，有一个重要的想法是"分布式事态意识"，即见闻广博的人越多，就越能做出更好的判断。但是，不管在商场还是战场，游戏规则都一样：了解风险，预测发生的可能性，做出正确的冒险选择——但不是投机。

如果对于这几章所讨论的 21 世纪领导工具需要一个统一的主题，那

---

① 美国电视连续剧中人物，今喻有顽固偏见者。——译者注

么这个主题就是：把所有的工具联系起来，用基础、务实的商业方法去代替浮躁、哗众取宠的作风，没有什么比商业情报的运用更重要。你应该理解，只有建立了遵守规律的竞争情报机制，你才能避免两个真正令人绝望的错误，它们是：

1. 认为企业需要做的仅仅是搜集最重要的竞争者的情报，而不用考虑自己的市场情报。你是否想过你的竞争者也许更没有发言权？他甚至有可能在自己的豪华汽车保险杠上贴着不干胶标签，写着：别跟着我，我也迷路了！
2. 如果你平时的工作就是偶尔参加一下会议，偶尔阅读年度报告或者偶尔研读竞争目录表，那么你可能会认为自己已经清楚了所有值得了解的、关于竞争者的情报。

最后，如果对于本章的内容你什么都没记住的话，那么至少请记住：不是自成系统，就不是情报。而且你最好比你的竞争者先得到这种系统。总而言之，这使我想起菲尔茨（W. C. Fields）在一部经典影片中的一个场景：菲尔茨头戴高高的礼帽、叼着雪茄，当然还玩着扑克。一个明显很容易受骗的人朝他走过来，出现在屏幕中，问道："这是一个依靠运气的赌局吗？"菲尔茨迅即面无表情地回答："这可不是我的玩法。"的确，不再是我的玩法——也不应该是你的玩法了！

作 战 计 划

任 务 目 标

商业情报，又称为竞争情报，它既不等同于竞争对手的情报，也不是营销策略，当然更不是间谍行为。把它想像成市场调查的下一步工作就可以了。

- 仅仅依靠商业情报分析，并不能回答所有的问题，也不可能解决全部难题。不过，如果操作得当，它就能够让你有一个比较好的开始。

- 如果你是首席执行官，也许你会认为情报工作与贵公司无关，因为你们不可能像五角大楼那样将数十亿的资金投入这个项目之中。不过，还请你三思。在知道怎么寻找和到哪儿去寻找的人眼中，企业情报所需要的主要资源并不算负担。原因很简单：各种形式数字化信息的急剧增加，已经彻底改变了当今企业领导者的工作环境。

- 虽然有一些公司很聪明，能够将个别消费者的喜好与商业情报的全局画面联系起来，但这样的公司还是极少数，这个残酷的事实真让人震惊，不知道有多少有用的信息被浪费了。

- 商业情报的另一个额外来源是因特网聊天室，是本地信息及原始信息的重要来源，在那里你能够了解到外面究竟在发生什么，甚至包括直接性的竞争信息。CEO 们很少注意到这种信息的存在——尽管其中还会有些国际性的竞争信息。

- 令人惊奇的是，从老总到最基层员工，往往对自己没有直接责任的事故都漠不关心，事实上这些事故是很容易预见到的，只需要你注意到一些合适的问题，如股票市场的波动、物价的浮动甚至是政变。

- 想在商业情报上占据优势，你还需要有洞察力和专门技能。在信息时代，数据搜集虽然不再是一个有用的窍门，但还是应该弄清它的意义。在筛选、提炼数据，搜寻那些有时能使整个谜题迎刃而解的可靠证据时，这种专业能力也是非常重要的。

- 对于那些自认为买不起昂贵商业情报，或者总认为自己在商业情报方面无懈可击的首席执行官来说，他们应该意识到自己的处境与下面的情况只有一步之遥：他们会凭空或依据错误的情报制定一个鲁莽的计划，或者把自己的战略决策完全暴露给竞争对手。

- 在竞争激烈的商业环境中，使用情报就像战争中使用武器一样重

要。很少有公司会说自己在使用商业情报，但是，优秀的企业都
会利用这个要素，而且利用得很好。

- 无论是利用纯粹的商业情报方法，还是开发自己的数据库，这些
  手段都表明了解决风险这个老问题的一个新方法。商人们解决风
  险问题的传统方法很简单：避开它们。另一个比较不错的观点，
  是加深对"威胁"的含义的理解，提供更为精确的风险评估和一
  个可以用于解决风险的最有效对策。

- 如果你连一个搜集情报的基本体系都没有，那就根本谈不上情报。
  最好在你的竞争者拥有它们之前，装配这样的系统。

8 硬币的另一面

——企业安全

国家训练中心

我已经告诉过你们，敌军正在向他们的攻击目标前进。这个我们在昨天已经讨论过了。敌军对我们周围的地形十分熟悉。要记住，他们在这里生活了一辈子——而现在与美国正规军队为敌已经成了他们的谋生手段。他们也擅长和我们对抗。他们知道昨天晚上蓝军派出了侦察兵。而在今天凌晨，侦察兵们不幸被敌军发现，惨遭毒手。因此现在蓝军几乎处于盲目状态，而敌军此时却蜂拥而来。他们的侦察兵并没有什么伤亡。他们侦察到了蓝军的位置，并了解了两件事情：第一，蓝军靠山扎营，在山体的右面；第二，蓝军留下了一个不设防的门户，让他们可以从侧翼攻进来。

噢，那太糟了。这种糟糕的事情斯巴达人在塞莫皮莱（Thermopylae，希腊东部一多岩石平原）也碰到过。现在看来当时应该是斯巴达人内部出现了叛徒，把通向斯巴达人营地的一条鲜为人知的小路告诉了波斯皇帝薛西斯，这种行为破坏了历史上本该存在的最精彩的一场持久战。接下来便是几百个斯巴达人与差不多13万个波斯士兵的肉搏战。那还能称作战争吗？那是发生在公元 480 年的战争，噢，是公元前 480 年。但这场战争是一个很好的教训，无论何时都是，因为对斯巴达人来说，悲剧的发生仅仅是因为有人起了反叛之心。现在，请坐好，看仔细些，因为你将看到一支危机重重的部队，他们即将受到敌人的攻击，而敌人对他们的位置、军力分布、防御漏洞等都了如指掌，敌人现在已经决定大举进攻了。好了，现在先到这里吧，休息一会儿，我们马上回来。

在我还是一个年轻军官的时候，曾代表陆军到德国去检查一个机构，这种机构在过去习惯称为"特殊武器基地"。关于战地安全，我所知道的大部分知识都来自于这次经历。现在的德国无论是地理版图还是政治版图都已经发生了变化，不过在 20 世纪 70 年代早期，那些特殊武器基地都还散落于德国各个非常偏远的地方。我们邀请德国人来助我们一臂之力，这样虽不足以挫败苏联红军，但至少也能够让我们在某些方面稍稍占据上风——因为苏方在人数上与我们相比，优势实在是太大了，简直与当年塞莫皮莱平原上波斯人对斯巴达人的优势没什么两样。有一些特殊武器基地的路途非常遥远，因此我们常常需要边走边问，到附近的德国山村中打探方向。德国人似乎对这些基地的位置都很熟悉，他们常常热心地给我们指引方向。尽管实施了许多安全措施，我们仍然认为苏联人可能也已经知道了这些基地的位置。

这一点是毋庸置疑的：苏联人并不蠢。他们有时候甚至是相当专业的，尤其是需要动用心思来搜索我们的时候——他们会挖空心思的。间谍至今仍然是搜集情报的最理想手段，苏联人就培养了很多间谍。但这还不够，为了搜寻我们的行踪，他们还动用了信号情报搜集系统（SIGINT）——苏联人称之为"电子侦察"；还有卫星侦察系统——这是政治决策的另一种胜利，双方最终都认为这是达成军备控制协议以及其他框架的"国家技术手段"。（顺便说一下，这些卫星仍然在地球上空运转，不过现在就算是商业用途的卫星的分辨率也达到了一米的量级。）

认识到全方位情报搜集的重要性之后，国防部为了防卫这种技术的威

147

胁，启动了一个相似的工程，我们称之为"运行保密程序"（OPSEC，Operations Security）。在我早年参与过的一个坐落在美国西部的运行保密工程中，有一个很有趣的现象，那里惟一真正可以保密的设备被用来存放电脑。这个工程由一个较大的军事单位负责，他们对自己庞大的巨型机非常满意，并引以为荣。他们还投入了大量的资源来确保不知情以及未经授权的个人和团体远离该工程驻地。那个巨型机放在一栋戒备森严的保安大楼之中，最重要的是，这栋大楼完全断绝了与外界的所有电子联系。不过除此之外就问题多多了：大楼的围墙上居然有洞，周边安全防护简直就是个笑话：本该开着的安全保护设备常常被该单位马虎地关掉，形同虚设。

最糟糕的是，如果你想在这个工作小组搜集相关情报，很简单，需要你做的仅仅是去问那里的士兵。你可以在下班的时候到酒吧里去，或是到任何一种社交场合，只要在那里他们的警觉性就会降低，并会像大多数美国人一样，毫不犹豫地接受你的馈赠，然后告诉你所有你想知道的事情——除了特别敏感的信息。因此，如果商业卫星正在高空偷窥你的想法让你发狂，又或者你是《X档案》的忠实影迷，那么请记住，间谍的活动仍然专业而活跃，不过在今天的商业界那不叫间谍了，而叫"社会工程学"——这仍然是很活跃的。

但是美国之外的世界已经发生了巨大的变化，这种变化可能会让你渴望回到过去，那是只要严密地守护好大型计算机就能完成主要保密行动的日子。我们的综述将从军事史的一个基本哲理开始：任何一种新技术的发展都会伴随着同等大小，甚至可能更大的弱点和缺陷。当我们满怀热情地把计算机当做空前高效的奴隶投入现代企业活动的方方面面时，颇具讽刺意味的是我们已经不经意地制造了我们自己的特洛伊木马——在某些情况下，你完全可以照字面意思理解。当然也有好消息：对于以上这些坏消息你甚至都不用去了解——除非你愿意了解。因为在传统商业背景中的任何要素，都不能帮助你应对21世纪安全环境带来的行动挑战——除非你在这方面花大力气，或是有人做足了准备，而你常常与他合作。

威胁：本土防御

关于企业安全问题的精辟观点，我们可以到乔·坎塔梅萨的工作室去看看，他是道·琼斯公司负责企业安全的副总裁。乔是我的老朋友，他过去曾是美国联邦调查局（FBI）的探员，现在和我一起在 MSNBC 共事，在那里我们常常就国土安全问题以及恐怖主义问题征求他的意见，他显然是那里的权威。关于乔的工作室，它的位置首先就能够给你留下深刻的印象——就在曾经的世界贸易中心的旁边。距离那个地方如此之近，你根本不可能集中心思去处理安全事务，不管这些事情有多么重要，也不管你对意想不到的将来准备得多么充分。"9·11"事件之后，道·琼斯公司立刻就聘用了乔，该公司在美国国内的办公机构已经在"9·11"事件中被毁，因此他们正处于十分困难的时期，不过这也是做好 21 世纪安全保护工作的重要契机。作为一个全球性的信息公司，他们的确十分关注信息的正确性、私密性和机密性的问题——所有这些基本的安全问题本章都会提到。聘请乔做他们的安全部门领导对他们来说显然是一个很明智的决定。乔时常能够为他们提供一些关于安全调查和信息基准的绝妙建议，以及许多技术含量不是很高，但从一般意义上来说却能够巩固企业安全的想法。

不过能够让人们记住道·琼斯公司高明决策的最关键地方在于，早在"丹尼尔·珀尔"这个名字以《华尔街日报》优秀驻外记者的身份为大众熟知之前，该公司便将乔带入了公司的董事会。珀尔在巴基斯坦遭到基地组织追随者绑架之后的很长一段时间中，公司的领导层出乎意料地成为大众关注的中心，不仅在国际新闻报道中是这样，在高度复杂的国际调查中也是这样——里面充斥着各种机构的相互欺诈，神秘的电子邮件交易以及其他形式的勒索要求，不一而足。所有这些都发生在他们努力安慰受难者家属和同事，并全力准备发布报纸和新闻消息的时候。作为一个前联邦探员，在这个过程中乔淋漓尽致地发挥了他的所有才智。尽管所有人都尽了最大的努力，但这些还是没有能够挽回丹尼尔·珀尔的生命，这真是一个悲剧。这让我们更加清醒——这件事提醒我们，现在是一个恐怖主义横行的时代，从这个意义上来说珀尔的死是很有意义的——我们还有很长的路要走。就像乔治·奥韦尔（George Orwell，英国著名作家）曾经说过的那样："我们能够安稳地躺在自己的床上，那是因为有坚强的战士在黑夜中昂首竖立，与打算伤害我们的敌人进行斗争。"

虽然你不会像乔·坎塔梅萨那样每天离双塔的废墟这么近，但关于"9·11"事件，仅仅是攻击者的大胆就可以让你十分吃惊了——在他们的攻击筹划过程中，我们反复收到大量的警告。在 20 世纪 90 年代出现了大量图书详细讨论美国企业界所受的威胁，他们的观点包括隐私权的遗失、电脑的弱点以及商业界必须做出的调整等。这种思潮至今还在流行。有人曾经对此做过总结："不久前网络恐怖主义还是大众的头号公敌。后来两架飞机飞进了世界贸易中心，真实的世界立刻就变得恐慌起来。"看起来这些书可能都是大惊小怪。不过现实到底是怎样的呢？他们还是对了。网络恐怖主义者并不是让我们做噩梦的真正原因，因为其他恶贯满盈的家伙都出场了。对首席执行官和整个商业界来说，最坏的消息莫过于所有的敌人都仍旧存在。我们已经不能再享受过去只有一个敌人并且可以轻易地鉴别、隔离和预示的奢侈年代了。还有你更不愿听到的，现在的事实是，现状不可能在短时间之内得到改变。

不过对今天的美国企业界来说，最重要的一点是你必须为你自己的安全负责，因为政府已经不能，也不会再保护你的安全，即使他们试图那样做，也将是非常困难的事情。对这样的事态是有历史先例可以借鉴的。不知道你有没有去过威尼斯著名的贸易中心，在文艺复兴的晚期，这里进行着海运货物以及各种商品的交易——尤其是跨越国界的商品——这个贸易中心发展得很好，并受到很好的保护。"保护"意味着武器和经过训练的卫士，如果货物是从海上运送的，那就意味着大炮和训练精良的船员。这是必须的，因为你不能保证自己周围没有小偷和海盗。由于没有哪个政府可以对商人的财产和安全进行保护，因此安全事务以及管理和控制风险的任务就落到了每个商人自己的头上。从那时候开始，在安全防护方面的自我依靠首次彰显了当今商业精英的智慧。尽管如此，在企业安全方面的训练仍然难登传统商业教育的大雅之堂，就算是执行官往往也很少考虑这个问题。我们在 20 世纪 70 年代与之对抗的苏联人，还有现在的恐怖分子，都从里昂·托洛茨基①那里得到了共同的灵感，他曾经说过："也许你对战争不感兴趣，但是战争对你感兴趣。"

除了这些残酷的现实之外，逼迫我们依靠自己的力量去建立安全措施的原因还有，关于国家本土防御三个重要缺陷的认识，这些缺陷还将继续存在很长一段时间——尽管政府和其他很多私人机构已经花费了巨大的精力去弥补这些缺陷。不过在它们真的消失之前，你还是准备好自救吧。

不安全的国界线

过去我们常常会谈起美军在诸如阿富汗这样的地方进行的反恐战争，在这种情形下，我很有必要拿出一幅地图放在全国观众的面前，以便直观地向他们描绘伊朗、阿富汗或是巴基斯坦那"漏洞百出的国界线"。不过这多少让我自己有些难堪，因为我们自己也有这样的问题，虽然我们并不情愿把自己与第三世界的国家相提并论。但我们必须坦率地面对这个现实，整个美利坚拥有世界上价值最高的不动产，可是我们给予这些财产的保护相对来说却要廉价得多。不仅在与加拿大和墨西哥共同拥有的国界线上，我们未能经受住最基本的考验，就是在我们的机场和海港上也是如此。简而言之，驻扎和守卫国界的部队数量太少，相对地，在边界上非法入境人员和毒品交易等问题却十分严重。如果非法入境人员和毒品交易问题在当前得不到有效的控制，要阻止嚣张的恐怖活动根本就是天真的幻想。更加让人担忧的是一位海岸警备官员最近对美国边境防御的评价："现有的边境管理体系根本不足以提供任何阻止外国恐怖分子及其武器进入美国的手段和方法。"恐怖分子可以运用的手段则简直是无穷无尽：每年有 4.89 亿人次，1.27 亿辆次客车，1150 万辆次货车以及 1160 万次海上运输工具进入美国国境。

---

① Leon Trotsky，俄罗斯革命家。——译者注

敌我目标识别系统

在军队，我们使用敌我目标识别系统（IFF，Identify Friend from Foe）来解决战场上的一个基本问题：向敌人，而不是向自己人开火。然而，这个问题现在同样出现在本土安全防卫中，公众过分关注自己的隐私及公民权利，从而让这个问题更加严重。与此相反，在"9·11"事件过去之后的两年中，尽管该事件中的大部分劫机者都持有我的故乡弗吉尼亚颁发的驾照，政府却仍然使用驾驶执照来鉴别身份。驾驶执照设计出来并不是用做支持国家航空安全系统的，也不是用来代替公民的身份证的。它们确实可以为你的居住地提供一定程度的证明，也许同样可以说明你拥有正常驾驶汽车的能力，但总不能指望它们还可以警告你谁有可能成为劫机犯吧？在这里，技术并没有过错，我们拥有面部识别软件，生物鉴定方法，甚至还有一直沿用至今的非常保险的指纹鉴别法，这些都是非常可靠的身份识别方法，比起现在凑合着使用的"解决方案"不知要好多少倍。但我们自己却由于一种完全错误的安全思想而自我陶醉于这种极不安全的"安全方案"中。公民身份证显然应该是更好的方案，但这种可能性简直微乎其微，与做白日梦无异。就算是利用科技来强化安全防护，这样的做法依然会受到人们的质疑：佛罗里达州的一项法律强制官员们将警察部门的资料放到企业可以获取的数据库上，这虽然达到了预期的目的，但很快变成了侵犯公民隐私权利的犯罪行为的避雷针。

信息壁垒

信息壁垒与不完善的身份鉴定问题紧密相关，也是军队常常出现的另一个问题。事实上，你可以把美国的情报和安全部门想像得更糟一些。国会的一些报告，以及在"9·11"事件后受命清查受害人遗体的蓝带委员会（Blue Ribbon Commission）发布的文件显示，由于机构间和法律上的一些障碍，致使合作的各联邦机构之间的信息共享被严重削弱。中央情报局不会主动与联邦调查局沟通，而联邦调查局也不会主动同当地的警察部门交流。造成这种情况的主要原因也曾经给我们的军队带来过痛苦，那就是各机构间的文化差异、职责差别以及共同拥有的坚定信念：信息就是力量。美国移民规划局在"9·11"事件发生九个月之后还为劫机者们办理了护照延期手续。也正是由于这个原因，司法部长约翰·阿什克罗夫特将移民规划局的这一举动描述为"驾车载人去喝酒"——这种描述出自一个部长，已经是相当严厉的批评了。

这三个相互紧密关联的问题——边境问题、身份鉴别问题以及信息壁垒问题，是国土安全部部长汤姆·里奇作为首任内阁部长在谈论到美国国土安全防御问题时，发誓要解决的一系列制度缺陷中的核心问题。不管用什么标准来衡量，他那庞大的计划不仅值得我们送上掌声，还值得我们为之纳税。当然，我们也能够理解，这个工作不可能在一夜之间就完成。所以，首席执行官的女士或先生们，现在就看你的了，这个问题现在是你的问题，因为是你，而且只有你，负责保卫你的企业的安全。是不是觉得很糟糕？好，现在我们站在美国企业界的角度来看看我们最好的几个安全分析家的观点。首先告诉你大概的情况：在这一点上将要出现的挑战会远远超过你的职责（如果吓到了你，我表示抱歉）。

企业界的反应：公司的状态

计划

艾森豪威尔元帅曾经说过："计划本身没有什么用，但是制定计划的过程是必须的。"要注意，他自己就曾经是一个战争计划的制定者。对于安全事务也是这样，在"9·11"事件之后，我们也应该这样去做。与我们长期等待（同时还大肆宣传）千年虫的到来不同，"9·11"事件的出现说明了灾难性事件的两个特点：（1）可以被普遍地预测；（2）出现之后仍然让人震惊。除了发出网络恐怖主义警告的大量书籍以外，还有许多电视网络，例如，MSNBC就定期发布如"曼哈顿攻击"这样的特别报告（这正是我的工作），这些报告都是专家们依据当前的局势，推测出今后可能发生的事情。在可能发生的事情与很可能发生的事情之间寻找平衡，那就是计划制定者的工作了。根据广受尊崇的安永会计师事务所（Ernst & Young）的年度安全调查，业绩最好的公司都是那些考虑到最坏情况，并采取常规政策有效降低了危害影响的公司，他们都购买保险减轻了自己无法控制的灾难。其他公司的记录就都大同小异了：虽然安永调查的很多机构都强调他们致力于"保持商业连续性"和"从 IT 业不景气中恢复"，但还是有几乎 50% 的美国企业在上述领域缺乏针对性的计划。自从 2001 年以来，花在保险与风险管理上的开销比过去平均高了 33%，而至少有五分之一的公司将保险费用增加了一倍，显然花钱比起制定烦人的计划来要容易得多了，而且你也没有办法对那些计划作更细致的调查，以确认它们之中哪些真的能够起作用，哪些只是放在柜子里面积灰尘而已。

其他的威胁

在我的一次演说结束后，有人反复地问我，美国公司花在安全事务上的钱是不是已经太多了，那种提问题的方式把我吓了一跳。当然还是需要给别人一个礼貌的答复的，怎么说呢，那就有点像你问我，美国的农夫花在化肥上的钱是不是太多了一样。安永的报告结果称"9·11"事件之后美国公司的安全花费平均只增长了 4%，这个现象说明，闻名寰宇的"9·11"恐怖事件并没有像想像中那样给首席安全官创造太多花钱的机会。从这一事实很容易看出，大多数公司似乎并没有过多地把恐怖分子袭击的风险放在心上——不过，如果把这种袭击（尤其是对基础设施的袭击）的"多米诺骨牌"效应考虑进去，那么情形会变得有趣得多。但是，如果说到目前为止的花费看起来是为了保持实体和虚拟财产安全保护的政策连续性，那么大量的事实都表明这项基本工作将变得越来越困难。这些事实包括：雇员的人身安全、工作场所的暴力事件、数据安全（见下），保持业务连续的重要性与日俱增，而与之相配的资源迄今仍未出现。

数据安全

对大多数公司而言，最大的安全威胁并不是来自于"发生概率很小，一旦发生则损失很大"的恐怖分子袭击事件，而是在电子时代常有，相对而言要平凡得多的一些麻烦：电脑病毒、网络蠕虫、电脑黑客、程序破解者、泄密者、欺诈者、偷窃者以及未经授权的入侵者等等。所以才会有那么多的作者著书来警告我们，电子安全的威胁是实实在在的，并且当前更加让人烦恼。在过去的一年中美国商业界遭遇的计算机攻击增长了一倍。然而，根据安永的报告，在接受他们调查的公司中，只有40%的公司敢于宣称，自己能够侦测到外部的系统入侵。事情为什么会如此糟糕？最成功的间谍形式——对企业或是其他组织来说——就是让受害人连自己的情报被人窃取了都不知晓。让许多人更加担忧的是流传越来越广、破坏力越来越大的计算机病毒。在2003年夏天，据《华盛顿邮报》报道，"大无极变种"（W32. Sobig. F@ mm）病毒成为有史以来传播最快的病毒，甚至让著名的冲击波病毒黯然失色。警报措施都到哪里去了？病毒编写者总比防病毒软件的程序员要高明——这就好像《鬼马校园》（Revenge of the Nerds）中的竞赛，只不过那是比拼肾上腺素罢了。

内部威胁

当安全防范的警报不断从企业外部传来的时候，还有一个容易被我们忽视但又危害很大的问题，那就是公司内部潜在的危险。确实，最新的统计数据显示，这个问题就像一个毒瘤，不仅长期存在，而且危害很大，难以对付。据美国商会估计，有差不多三分之一的企业倒闭与雇员盗窃直接相关——尽管首席执行官在人们的心目中是值得信赖的群体，但商会依然拒绝透露有多少类似的事情与他们有关。如果你觉得那样的估计稍微高了一些，我们可以来看看《首席安全官》杂志所做的一个研究，他们访问了1009个执行官，发现有53%的官员认为流动的雇员是公司技术的最大威胁，因为侦测和监视的技术还赶不上要求。如果你仍然认为这些执行官有些言过其实，那么可以再看看该杂志在2002年的另一个调查中138个公司的回答："他们承认自己以研究、设计、财政数据的形式损失掉的私有信息财产，仅2001年一年就达到530亿美元之多。"所有这些都表明，企业安全工作要想做好，就必须把企业内部威胁这个问题看得与其他问题同样重要，花费同样的力气去解决它们。

不战则亡

首席执行官的战争备忘录

遵守监管制度

对首席执行官们来讲，很值得关注的一点是，当以上提到的种种威胁变得日益巨大的时候，要求增加安全保障的法律不可避免地会让每一个管理企业的领导者受到更多的监督。

这个结论参考了一个优秀分析家的观点：

> 新的有关机密与安全的法律，诸如 2001 年通过的《美国爱国者法案》（*United States Patriot Act*）和《外籍情报人员监督法案》（*Foreign Intelligence Surveillance Acts*），将会对商业界产生直接的影响，尤其是在私密性问题以及客户信息的共享问题上。企业的安全事务将受到来自管理者、立法者、会计师、商业合伙人以及顾客的更加严厉的监督和审查。

在我担任过职务（不管职务大小）的任何一个陆军单位中，高一级的部门进行的任何类型的检查，都会用这样的表述开头："我们是来帮助你们的。"与此相似的，当企业所受的安全威胁在上述几个方面扩散开来的时候，这绝不可能不引起"管理者、立法者和会计师"的注意，不过他们太热心了，反而帮不了你。你当然也不愿意让鲜血洒进水中引来鲨鱼的袭击。首席执行官需要对接受外来检查的程度有一个合适的理解，制定相应的计划并对其进行管理——在还没有其他人为他做这项工作以前。为什么要这样？猜一猜今后会发生什么你就明白了：

"在五年之内，首席执行官们将被要求在他们的年度审计报告上签字，该审计报告必须说明公司数字财产的安全状态，并以某种方式证明其财务预算的真实性。而外部审计员则必须对该公司出具的安全评估进行审计。"

你看懂了吗？现如今有很多的安全威胁，它们可能会对你产生影响，也可能不会；它们可能会对你的盈亏收益，或是雇员的生活和福利产生影响，也有可能不会。不过，就算恐怖分子没有袭击你，审计员也会找你的

156

麻烦，就像另一种形式的鲨鱼攻击一样，他们不会去碰的惟一一种东西，就是你的微笑。

明确性规则

有一些明确性规则，也许你会愿意记住它们，因为在描述你自己的安全状况时（对此你所处的位置显然比我要合适得多）那还派得上用场。因为这个原因，这些指导绝不可能完全保证你在审计员和恐怖分子面前的安全。当杰拉尔多·里韦拉为我们的电视网络工作，并到战场充当战地记者的时候，我无偿为他提供了以下建议："你也许能够活着回来，也许不能。但重要的是你不能因为一些愚蠢的事情而丢了小命。"和这里的一些原理很相似，不是吗？

1. 首席执行官的头脑 如果有一个原则是必须谨记于心的，那么它应该是：安全防护并不是高高在上的神坛，它只是为企业生存而存在的救命稻草。这一点需要你有深刻的理解，不过更重要的是，还需要整个企业对它具有良好的认识。本书写到这里的时候，正好遇到美国北部地区前所未有的一次大停电，纽约州、俄亥俄州、密歇根州以及加拿大东部部分地区都受到了影响。就像在"9·11"事件中一样，那些地区的人们必须做出一些影响他们生命的决定——要快速做出决定，并且是根据不完整的信息来做判断。如果情况允许的话，他们当中大多数人都能做出很正确的选择，不过当你缺乏足够的信息去进行判断时，也只好依赖于训练养成的直觉来指导行动了。在"9·11"事件中，很多成功从世界贸易中心撤离的人们都做了一件非常重要并足以挽救他们的生命的事情：他们迅速行动，为逃离大厦做了所有该做的事，而不是去寻求什么自救指导和逃生指示。如果直到飞机撞到公司大楼或是电力供应完全瘫痪时，首席执行官才意识到应该把员工训练得高效一些，那就太晚了。就好像人的生命道路一样：你的公司为最后的生存考验准备得有多充分，自然会有一个准确、客观的评价。当然也有其他重要的原则，不过对于公司的存亡、公司关键人物的保全、重要工序的保留以及重要设备的完好来说，其他东西都是第二位的。首席执行官可以将他自己的很多职责都委派给其他人去完成，但最重要的一点却必须亲力亲为：虽不能保证公司得以直接、自然的保全，但必须为此而努力。这样的考验即将来临，正如《圣经》所说："好像黑夜里的小偷。"

2. 战略计划 首先请回顾讲述战略的第五章，你应该明白，所有企业安全防卫的行动首先都必须建立在战略计划的基础上——假设你已经制定了战略计划。忘掉那些华而不实的"宏伟、艰难而大胆的目标"吧。你要保护的信息的价值在哪里？企业有竞争力的商业机密是什么？你究竟依赖什么来保证公司的竞争力？借用军界的一个概念来说明：什么样的战略重心是一旦失去就会威胁到企业生存的？面对华盛顿遭到的惨烈袭击，现如今为保证其连贯性，政府被迫实施了一系列措施。他们大量修建地下掩体，在偏远地区建造防护设施，这些办法虽然远远超过了一个公司的安全需要，但是其精神上的作用也值得商业界的人士们仔细体会。与其他问题一起，它会让你明白"什么才是公司要保护的"。你可以依赖的信息有哪些？可以利用什么重要的有利条件？所有这些都应该直接来自于你的战略计划，理论依据是：如果连你自己都不知道要保卫什么，那么你肯定保护不了它。

3. 基本安全审查 从制定安全战略计划到展开基本安全审查的过程中，最基本的安全意识都会在精神上和实践上得到普及。除非你们是一个与众不同的企业，拥有一些非凡的天才，否则请不要依靠自己的资源来进行安全审查，到市场上去聘请最有才华的公司来为你做这件事吧。原因很简单，因为要让他们对你们自己的安全情况作一个评估，看它能否达到企业的要求水平。这个认知过程是很直接的——价格不菲但是绝对值得信赖。他们会对你们的危机和弱点进行细致的检查，包括实物、信息以及人力等方面，然后再将潜在的可能考虑进去，综合之后给出包括经济意义在内的全方位的评估。这种评估在通常情况下都会询问企业需要多少安全措施，同时能够承受多少开销。传统的企业安全大多建立在堡垒式的思想上：呆板、一成不变、严格规定明确的防护区域；他们通常依靠的也是传统的机械装置：坚固的墙壁和上锁的大门。第二种模式是"浮动机场"模式，这种模式要更加灵活一些，能够应付更多的情况，是建立在多区域防卫思想的基础上的。就好像一个要塞中嵌套另一个要塞，不同的区域可以相互重叠，增加鉴别和控制通路。最后一种模式是点对点"动态信任模式"，该模式对高度网络化的企业来说是十分适用的。就像军队的无线电通信网络，需要点对点的身份鉴别和确认，这就需要所有进行通信的单位能够按要求证明自己的身份。聘请那些顾问的原因就是为你判断企业最适合哪一种模式，同时找出你们最薄弱的环节，以及你的战略计划中强调了但又未能做到的事项。

4. 雇用优秀的人才　如果你的安全顾问工作做得很出色，那么现在作为管理者，对自己的安全防护架构应该是什么样子，你应该心中有数了，尤其是需要什么样的基础设施来保障企业安全，更应该做到胸有成竹。第四个步骤，聘用优秀人才来管理和完成这项工程，如果你足够幸运的话，你还能像道·琼斯公司那样聘请到乔·坎塔梅萨那样难得一见的人才。雇用保镖和"极客"（geeks）来管理公司的两种贸易秩序也很重要，这两种贸易秩序分别代表着安全防范的实物和信息两个方面。必须注意到，截然不同的秩序需要截然不同的方法和技巧，那是很难让一个人同时掌握的。在安全界也有这样一种争论：把两个安全防护领域的工作拿给一个公司做究竟有没有意义？在这两者之间不可避免地会存在某种平衡，重要的是，在实物安全防护与信息财产安全防护之间的那种平衡必须是适当的，这个工作可以由管理委员会来完成，也许这种说法有些自相矛盾，不过也别无他法。同样要记住，安全审查得到的基本评估能够为你提供大量你真正需要的信息。然而，你仍然需要一些明确的政策——关于实物的和关于信息的——那将使得我们基本的指导更加充实具体：需要雇用多少守卫？他们是站在固定的位置还是来回巡逻？以什么样的安全软件作为信息防卫的基础？我们应该安装杀毒软件、防火墙还是入侵侦测系统？我们需要多区域安全防卫系统吗，需要双重身份鉴定系统吗？如果你是首席执行官，那就应该像个首席执行官的样子，不要所有的事情都自己拿主意。当你聘用了在各个领域最优秀的人才之后，你应该让他们来想办法，解决这些非常实际的问题。然后看他们给出的建议是否对整个公司的业务有益——如果是的话就应该支持他们，不过对于他们提供的建议也应该由他们来负责。毕竟，你聘请他们正是为了这个。一旦他们帮助你制定完成基础的安全政策，就让他们去完成一个长期的项目，设计一套有效的灾难恢复计划和紧急行动训练计划，并付诸实施。

5. 突击检验 第五个主要阶段是我最喜欢的一个，那就是安排出乎意料的突击检查，包括对实物防卫和信息防卫两方面。为什么要这样做？嗯，到目前为止你都干得不错，你已经让安全防卫很重要的观点深入人心。你也成功地制定了相关的战略计划，并了解了自己想要防卫的东西是什么。你聘请了安全专家来做调查，又雇用了另外一些专家来打理详细的防卫事务，将明确的政策付诸实施。很好，不过坦白地说，你现在还比不上我最喜欢的橄榄球队——华盛顿红人队的教练们。年复一年，他们制定着伟大的目标，花不可思议的天价去购买球员，而真正开始打比赛的时候结果却总会让他们很窘困。这些比赛对他们来说也许是痛苦的，但真正可怕的是队伍在比赛中才显示出来的缺点，而这些缺点在训练中常常被忽视，比如球队防守不佳，比如四分卫人选错误，再比如后卫线漏洞太多，等等。基于同样的原因，我们要采用突击检查的方法，因为再没有其他更好的方法来训练你的安全防卫系统了。把这种检查当做敌人一声不响的造访。在黑客、破解者以及未经授权的入侵者使出浑身解数的情况下，你的电子防卫系统会不会被轻易攻破？用这些人的方法来试验一下你自己能否闯过自己的系统，那样的危害会减小很多，你也能够了解到很多东西。对实物防卫系统来说也是如此。对于社会工程学（即商业间谍）我们该如何防范呢？你的员工应该受到何种训练？他们了解公司面临的威胁吗？对一个企业来说那样不时的突击检查是一种警告，因为那样可以了解员工真正在做什么，那与他们自己所说的可能不太一样。特别是：千万要记住，突击检查的目的绝不是为了和员工们过不去，也不是打着训练行动的幌子做其他事情。与其他任何测试都一样，突击检查是为了凸显弱点，并检验投入的防卫措施是否有效。

6. 关心你的员工 如果你认为一个良好的人事政策与安全防护完全无关，那么你还没有理解什么是安全体系中最重要组成部分，那就是你的员工。在商业界，大家都坚信员工的状况不仅关乎管理是否顺利，还与企业的经营情况息息相关。但从安全的角度来看，我们的结论是：你对自己的员工越好，他们留给你的安全危机也就越小。回想一下我们早先得到的基本结论：正是内部的问题让企业蒙受最大的损失——而你也不可能安装足够多的监视器和安全软件，那样做的最大后果就是造成企业与员工的隔阂。因此，我们应该采用另外一种办法：采取得体的监督，给予适当的信任。你还应该认识到，公司最优秀的人才如果因受恶劣的对待而另谋高就，这对任何企业都是巨大的损失，也许你能够强迫他们在所有的协议上签字，但在他们离开的时候，公司仍然会有大量的财产留在他们的耳朵里，你对此毫无办法。不过得体地对待他会大有帮助。因此对员工们应该进行明确的训练，让他们能够严格执行公司的安全措施，例如，什么内容不能在电话中交谈，什么文件不能随便放在办公桌上，什么文件是企业在竞争中的金钥匙，等等。请善待你的员工，严格训练他们，并让其明白你对他们的期望，确信他们了解：你作为一个管理者，一定会尽自己所能让他们愉快地工作。当你是在和管理良好、训练有素的员工打交道时，安全防护就变得很简单了。

7. 每个人都要始终负起责任 这种做法来自于朱利亚尼，这正是他的领导方法。不管他在纽约警察部门进行了什么改革，也无论他在纽约市政府做了些什么，他的领导风格都体现了"每个人都要始终负起责任"的思想。不过，如果说责任是不可取代的要素，那么衡量手段同样是不可取代的。对于一个真正理解"安全防卫是为了生存"的首席执行官来讲，那还真是一个不错的路标。如果那个理想不是空话，那么安全应该用任何可以进行衡量的手段来衡量。"极客"和保镖应该对寻找实物和电子入侵始终保持狂热，因为他们必须随时准备报告自己防卫目标的动向。如果我们拥有为上述行动作后盾的政策、程序和物理安全措施，那么我们应该将它们被有效突破或受到威胁的次数详细记录下来。过去我曾经经营过安全公司，我可以告诉你的是，赶在敌人前面（内在和外在都一样）是一场永远也不会结束的战争。就好像装在开水壶上的压力计一样，衡量手段可以让你清楚系统安全方面的一些关键问题，也许在这一点上你应该加强一些。一个优秀的安全分析家对此是这样说的：

> 很多企业都没有持续统计过遭受攻击、攻击响应以及防御效度等方面的数据。没有衡量标准，企业数字安全的防卫工作就是盲目的。应该统计的数据包括攻击的类型（成功与不成功的都要记录）、攻击者的身份（如果能够查到的话）、攻击目标、防御的效率以及平均花销、由于攻击而造成的损失等等。企业关注真实的风险，注重安全系统降低风险的效率，这样的做法将使在安全方面的投资获得最多的回报。（语气加重）

这样的企业当然多少也会有些损失，要想万无一失，除非他们看到了责任长期到位政策的必要性。

当安全事务的形势愈加严峻之时，我们仍然可以忙里偷闲，对处理普通问题的一些方法表示怀疑。现在就讲一个这样的故事——自然是关于我自己的——来顺利结束这一章，这个故事再次说明了墨菲法则的魔力。

那还是在20世纪70年代、"冷战"最激烈的时期，我作为一个年轻的情报官在德国与苏联人较量时发生的事情。当时我必须将一份高度机密（可能是后来的PX等级）的文件送到我团在慕尼黑的指挥总部。我们通常都依靠德国发达的铁路系统来赶路，这次的计划本来也是这样。只可惜团指挥部警告我说，由于我要护送的文件机密等级过高，因此我应该带上武器。这样问题就来了，因为当时的西德正经历着我们在30年后才开始经历的恐怖分子骚扰——带着一把枪上火车肯定会把问题复杂化，并引起德国警察部门和安全部门的注意。我们最后打算采取的方案曾在詹姆斯·邦德的电影中出现过——用手铐将公文包与我的手腕连在一起。可是那时候我们已经不用手铐了，幸运的是，其中一个战友以前曾经当过军警，现在还有一副旧的手铐，那是以前执行任务时留下来的。这下团指挥部满意了，他们批准了这次的任务，让我和我在候补军官学校的另一个同学，也是一个情报官——乔·费里斯马上出发执行使命。乔来自密苏里州，是我们见过最性急的人，但他特有的幽默感也让我们在候补军官学校的严肃气氛下生活得愉快了许多。当他看见我把公文包铐在自己手上时，差点就疯了。不过这于事无补，我们走进自己的车厢之后，我把公文包卸下，重新铐在了行李架上。"看这多么简单，"我带着胜利的口吻说道，"公文包、手铐、行李架——多么完美的安全措施呀。这不是比我们中有一个得戴着手铐要强多了吗"？后来一直都很顺利，直到火车到达慕尼黑，我想把手铐从行李架上打开的时候。钥匙倒是很顺利地插进了锁孔，不过我刚扭动一下，它就发出了难听的金属声，锁坏了，而手铐仍然紧紧地锁着。我只好拿着钥匙站在旁边发愣，我把所有想得到的方案都用了一遍，情况都不怎么乐观。德国的行李架肯定是制造坦克的那批人生产的，我就算是用尽力气，也对它毫无办法，真是纯粹的日耳曼风格。当然，乔也没有什么好主意。当他意识到发生了什么时，他又疯掉了。"完美的安全措施，"他大声喊道，"好完美的措施啊，你现在准备怎么办，伙计？你现在将一份高度机密的文件绑在了开去捷克斯洛伐克共产党政府的火车上！"事实上，他说得很对。在慕尼黑经过短暂的停留之后，火车即将向那儿进发——而那个时候捷克斯洛伐克仍然处于铁幕之下。那个公文包非常贵重，是全牛皮制成的，那是当年我父母送给我的毕业礼物。我们仍然一筹莫展。我打开公文包——幸好这个锁还是好的——将机密的文件，还有其他东西都拿了出来，然后又确认了一遍。"别笑了快来帮我，讨厌的家伙，"我忽然说道，"我们可以把文件藏在防水上衣中，然后从这儿出去。"防水上衣这个错误的措辞让乔再一次陷入疯狂。不过最后，两个美国情报官还是带着他们仅存的尊严走下了火车，他们的防水上衣被塞得鼓鼓的，其中一个在狠狠地低声咒骂——而另一个则向人们证明了阿肯色州军官的座右铭仍然是"微笑"。

　　好了，不管这个故事怎么样，我们就把它当做一个教训吧。我仍然常常在想，当捷克斯洛伐克的边境警卫和列车官员看到那个被手铐锁着的空公文包时会想些什么？看来如果你的卫队坚持要装配手铐，那么一定要确保它是塑料做的。

作 战 计 划

任务目标

促使首席执行官关注企业安全的两个基本观念是:

1. 安全问题并不遥远,它就是生活本身,它关乎于企业的生活、企业员工的生活以及支撑企业生存的顾客们的生活。

2. 保证企业安全是首席执行官最基本的责任。他可以将自己的部分安全职责授权给其他人去执行,但就像一个船长一样,责任还是在他自己的肩上。

- 当我们满怀热情地把计算机当做空前高效的奴隶投入现代企业活动的方方面面时,颇具讽刺意味的是我们已经不经意地制造了自己的特洛伊木马——在某些情况下,你完全可以照字面意思去理解。

- 对 CEO 和整个商界而言,坏消息是,不能享受只存在一个敌人,可以轻易地鉴别、隔离和预示的奢侈。还有你更不愿听到的,事实是现状在短时间之内不可能得到改变。

- 在可能发生的事情与很可能发生的事情之间寻找平衡,那就是计划制定者的工作了。业绩最好的公司都是那些考虑到最坏情况,并采取常规政策有效降低了危害影响的公司,他们都购买保险减轻自己无法控制的灾难。

- 对大多数公司而言,似乎并没有把恐怖分子袭击的风险过多地放在心上——不过如果把这种袭击(尤其是对基础设施的袭击)的"多米诺骨牌"效应考虑进去,那么情况会变得很复杂。

- 虽然雇员的人身安全、工作场所的暴力事件、数据安全、保持业务连续的重要性等问题都日益严重,但整个企业界对此的投资还远远不能使情况有所好转。

- 对大多数公司而言,最大的安全威胁并不是"发生概率很小,一旦发生则损失很大"的恐怖分子袭击事件，而是相对而言要平凡得多，在电子时代常有的一些麻烦：电脑病毒、网络蠕虫、电脑黑客、程序破解者、泄密者、欺诈者、偷窃者以及未经授权的入侵者。电子安全的威胁是实实在在的，并且就目前来说更加让人烦恼。

- 当安全防范的警报不断从企业外部传来的时候，还有一个往往容易被我们忽视但又危害很大的地方，那就是公司内部的潜在危险。

- 除非你们是一个与众不同的企业，拥有一些非凡的天才，否则请不要依靠自己的资源来进行安全审查，到市场上去聘请最有才华的公司来为你做这件事。

- 雇用专家来管理安全事务，要注意两个基本的方面，包括安全防范的实物和信息两个方面，代表人物分别是保镖和"极客"。这是两个截然不同的方面，需要截然不同的方法和技巧，那是很难让一个人同时掌握的。

- 安排出乎意料的"突击"检查，包括实物防卫和信息防卫两方面的检查。再没有比这个更好的方法来训练你的安全防卫系统了。在黑客、破解者以及未经授权的入侵者使出浑身解数的情况下，你的电子防卫系统会不会被轻易攻破？用这些人的方法来试验一下你自己能否闯过自己的系统，那样的危害会减小很多，你也能够了解到很多东西。

- 公司最优秀的人才如果因为受到恶劣的对待而另谋高就，这对任何企业都将是巨大的损失，也许你能够强迫他们在所有的协议上签字，但在他们离开的时候，公司仍然会有大量的财产留在他们的耳朵里，你对此毫无办法。

- 请善待你的员工，严格训练他们，让其明白你对他们的期望，并确信他们了解，你作为一个管理者，一定会尽自己所能保证他们的工作愉快。如果你是和管理良好、训练有素的员工打交道，那么安全防护就变得很简单了。

9 检验你的基本任务条目

——面对最基本的任务，我们该何去何从

加利福尼亚，欧文军事基地，国家训练中心：行动后回顾

请大家都坐好了。现在请注意你们就座的地方，这里并不是你们的执行官会议室。同样，让你们担惊受怕的也不止是角响尾蛇，因为这里到处都是叮人的蚊子，咬人的昆虫和满地的荆棘。这里的温度通常都在华氏110度到115度之间，对此我也只能表示遗憾。就算是盛夏的伊拉克，和这里相比也算不了什么。总之在这里没什么是你们习惯和熟悉的，当然，你们必须学会怎么应付这一切。好，现在就穿好你们的军装吧，再去喝点水，即使不渴也要喝点。

我们现在看到的这群士兵是昨晚已经疲惫不堪的蓝军军队。我曾经告诉过你们，当他们在侦察战中失败以后，接下来的战争进程基本上就已经定了。那是因为他们已经很疲劳了——非常的疲劳。不过在国家训练中心——以及有陆军的任何地方——故事都不会就这样结束的。现在我们看到的是讨论第二天战争计划的军事会议。战场指挥官和他的参谋长，以及其他的下属指挥官们正忙于进行"行动后回顾"（After Action Review，AAR）。你要

习惯于这种说法，因为它在本章以后的讨论中常常会被用到。我们现在看到的只是一个链条的顶端，因为整个军队——包括底层的最小单位"班"在内——都在进行着相同的活动。现在这种过程是非常非常直接的。进行行动后回顾，实际就是问：究竟发生了什么？为什么会发生这些事情？要怎么做才能在下一次做得更好？应该像一个马克思列宁主义者那样严肃地想一想这些问题，才会有利于自己的发展。

那究竟是什么呀？行动后回顾到底有多大的必要性？你可以猜一下，如果不进行那样的回顾，指挥官能否在他们的位置上待下去——当然不能，如果对这些作战经验你都满不在乎，那你根本就不配领导一支军队，你的手下也不会愿意让这样的人来决定他们的方向。对于那些"在其位而不谋其职"的人，我们会很直率地赶他下台的。让我用另一种方式来说明：训练是军队战斗力的源泉和保证，有一种古老的说法是："平时多流汗，战时少流血"。对不起，你刚才说什么？他们会不会在行动后的回顾中讨论"宏伟、艰难而大胆的远景目标"？我认为那是绝不可能发生的事情。虽然在这个团中是有几位少校在最近几次任务间隙攻读了 MBA 课程，他们在商学院学习时也许真的接触了"宏伟、艰难而大胆的远景目标"的思想，不过这些少校都是很聪明的家伙，只要经过一些恢复性的训练，要不了多久就能够恢复正常了。

现在请竖起耳朵，指挥官已经谈到重点了：在下一轮的训练中他们要提高哪一方面的能力，这种提高对他们执行作战计划的能力会有什么影响。嗯，这就是行动后回顾为什么如此重要的原因了，作战计划是我们的立足之本嘛。因为总有一天你会足够强大，这时候你就会对自己以及与自己并肩作战的战友表现出最强烈的安全关注。我知道你在商场上也有一个立足之本，但是那与今天你在这里看到的东西没有任何相似的地方。如果你的战略顾问来到这里了，他也许会很明智地表示赞许，并评论说我们是在进行战略调整。当然，如果再签一个六位数的合约，他们也甘愿为你做这样的事情。不过趁现在免费，还是多看看、听听，尽量多学一些吧。顺便说一句，当你开始倾听，就已经是在享受一份 MRE 了，这里的 MRE 代表为食客准备的大餐（Meals Ready to Eat or），而不是由于政府政治决策的失误造成的"被埃塞俄比亚拒绝的晚宴"（Meals Rejected by Ethiopians）。你可以到第四季度股东聚餐的时候再好好想想这个问题。我敢保证到时候食物会更加丰盛。不过我也敢和你打赌，战略并不一定会比以前好多少。

我现在还犹豫不定，不知道是否应该把本章的主题先说出来。亲爱的读者，我对你们怀有巨大的敬意，但我还是要说，在现在的商业界，你实在是没有什么有力的竞争手段，除非在每一次进行商业交易之后，你都能心平气和地坐下来，系统而全面地总结从中获得的教训，并把它们用到下一次的交易之中，然后再运用到企业任务执行、战略制定、员工培训、培养公司领导层（包括培养下一代的首席执行官）的一系列工作中去。我还在犹豫该不该使用这种说法，即我们所做的这一切都是在对公司进行调整（alignment）。因为自从彼得·圣吉对这个词赋予新的意义以来，它就常常被人们滥用——都是些认为"协调"（coordinate）这个词已经不够用了的商务人士。

不过，不管你怎么称呼它，缺乏调整都是一个长期存在的问题，对商业界和军界都一样。不同之处在于，军队至少还有强制手段可以利用，他们有一整套成熟的方法，以及完成目标（这个目标指的是我们现在讨论的东西）的意志和决心。阿德里安·萨维奇向我们讲述了一个经典的故事，故事灵感来源于 2003 年美国大陆北部的大停电。那让他想起了 20 世纪 70 年代在一家伦敦独资公司上班的情景，由于公共交通系统的瘫痪，该公司的业务活动也陷入停顿。在英格兰，这一类的事情被称作"劳工事件"，在玛格丽特·撒切尔夫人让工会彻底屈服之前，这样的事情已经是习以为常的了。萨维奇所在的公司此时除了自救也找不到其他的办法，他们想出了一个绝妙的主意：租用公共汽车来开展自己的运输业务。他们定好计划让自己的员工把 12 辆汽车开回来，并拟订了多条返回路线，以防遇上交通堵塞。但是，等到第二天真正实施这个计划的时候，结果却并不像他们想像的那样鼓舞人心，因为回到公司的汽车只有两辆。

据萨维奇所说，发生这个结果的原因是，大家都将目光投向了路线等这样的外部细节上，却没有人注意到计划本身的内部因素。他们忽略了一些关键的内部事实，例如，12个驾驶员中有一些从前根本就没有驾驶公共汽车的经验；公司也没有找人负责把汽车的机械状况仔细检查清楚；在出发前也没有检查过油箱中究竟还有多少汽油。从这个例子出发，他得到下面的观点：

> 是什么破坏了计划的实现？正是组织过程出现了断裂。他们的行动程序和方法与其想要实现的新战略并不完全相同。企业总是喜欢挖空心思去搜集和思考一些外部的情报，诸如顾客喜好、行业信息、市场趋势、竞争情况以及对手动态等等。然而，就像我们可怜的公共汽车发送组织者一样，他们常常未能搜集足够的内部情报，这使得他们在分析自己有多少实力可以实施自己制定的战略时犯下了致命的错误。

萨维奇所称的"内部情报"正是其他人所认识到的关于"调整"的典型问题。在军队中我们处理这一类问题很简单，只要把那个可怜的组织者送上军事法庭，让他为自己错误的看法和极其不恰当的工作安排而接受审判就行了。事实上，对所有（1）必然会发生的事件，（2）发生了不会对全局有糟糕影响的事件，任何一个复杂的组织过程都需要进行深入规划和有效实行。活动环境变得越来越复杂，这就要求企业以安全的速度前进，不可莽撞。但由于人天生的弱点，总会有人在可能性最大的时候出错，让整个公司都脱离常轨。不管是在安全防护、情报搜集或是业务开展等方面，这都与具体的事务安排没有多大关系：在企业受到调整不力的惩罚或是遭受顾问们所称"不合格改革管理"的困扰时，应该如何调整企业完全是首席执行官的工作。这些顾问提供的方法论也有点让人生疑——至少是有些言过其实。那么，可怜的执行官们该怎么办？

好了，现在我们带着对他们的同情来继续下面的讨论。陆军之所以长期关注调整的问题是有原因的——这些原因我们在第六章讨论组织学的时候提到过：士兵的数目越是庞大，控制他们的难度就越高。因此，在历史上，军队一向都强调统一性，或不变性，或是二者都强调。直到近年来，军事思想和技术的革新才加大了混乱的风险，因为任何的行动都需要数千个不同的单位协同合作，这在以前是很少出现的。苏联人把这个问题理解为"战争的持久因素"，他们想单纯依靠数量解决这个难题。在我们的防御计划中，我们会问："多少才会足够？"但苏联人会简单地决定多少才会"过多"——然后他们会在这个基础上不管三七二十一先加 10% 再说。他们的作战计划很笨拙，但那说明他们根本毫不顾忌战争的混乱，不管在军队、经济还是政治体系上，他们都显出不合身份的低效。我们再来看看"冷战"，如果不考虑规模上的差距，他们的低效其实真给了我们不小的帮助，事实上，我们就是依靠这个才获胜的。正如你所见，我们的陆军四处征战时我们总认为自己是比别人高效的。

但也就那么一点而已。对我们自己的一些症结，我记得非常的清楚，如果你遇到了什么低效和难以调整的困难，其实陆军都早已经历过了。在我的记忆当中，还保留着有关这种场景的故事。那是发生在 20 多年前的事情了，当时的美国陆军与后来的模样大不相同。那件事发生在我们的一个信号部队中，在那个年代，进入信号部队的人员在陆军心目中没有什么好印象，他们简直就是对长官领导能力的一种挑战。在为野外演习做筹备工作的过程中，一个无线中转站附近发生了一场火灾。在这个事件中出场的人物是一个陆军特种官兵，"E-4"，在这里我们不妨称之为"墨菲"——因为似乎"墨菲法则"是他惟一知道的法则。在军警报告那简洁、干涩和平淡的叙述中可以看出，就连苏联人也会对这种"没完没了的操控力"表示担忧。

某个晚上，天刚黑下来，墨菲从货物拖车中拉出一个五加仑的汽油罐，放到了他的汽车后货舱附近，他在那里放了一组发电机，准备为演习提供电力。根据后面发生的事情，我们可以大胆猜测汽油罐的盖子盖得不是很牢。墨菲"为了看得清楚一些"而点了一根火柴，然后把它吹灭，顺手扔在了地上。"一条火舌"立刻从火柴落地的位置一跃而起，迅速向汽油罐的位置蔓延。眼见灾害突现，墨菲顾不了那么多，立刻跑向已经开始燃烧的汽油罐，把它拿了起来。他举着这个罐子绕汽车跑，可是油罐越来越热，他再也拿不住，又重新将罐子丢到了地上。罐子滚到左保险杠的旁边，于是汽车的前部开始着火。军队的生活从来都不简单，当墨菲注意到他的军装也着了火的时候，他至少还记得训练的一些点滴，于是开始就地打滚，试图将火扑灭。这是他运用的好几个措施中看起来惟一管用的一个，但是，当他这样做之后，车子的尾部也开始燃烧了。墨菲的队长看到了这一事件的不同寻常，也准备加入扑火的行列，但由于某种不可解释的原因，他的整个救援过程竟然是首先让一个经过的摩托车停下来，然后叫消防队。消防队及时地赶到现场，将火苗扑灭，并估计了一下美国政府在这场小火灾中的损失，大概是八万美元。墨菲离开的时候只是左手被轻度烧伤，不过他得更换军服了。这个故事真是调整过程和墨菲法则的完美结合。

陆军的战斗学习——为首席执行官准备的一些实际例子

即使是在 1973 年发生了"赎罪者之战"（Yom Kippur War），使得"冷战"进入白热化阶段，那也不能阻止"冷战"局势的逐渐瓦解。阿拉伯人与以色列人之间的冲突非常激烈，事件以埃及和叙利亚联合发起令人震惊的战略袭击为序幕，让整个以色列措手不及，这次袭击以惨烈的战斗和巨大的伤亡著称，在不出现核武器的战争中已无能出其右者。在戈兰高地（Golan Heights）和其他一些地方，以色列人逐渐占据优势，自身损伤也开始减小。事件发生 20 多年后，在国家战争学院组织的访问中，我回到以色列，与哈佛校友耶斯·本·哈南在当年以色列人夺回的土地上重聚，耶斯中将正是那场战争中的英雄。在那个时候，耶斯是著名的高拉里旅（Golani Brigade）的战地指挥官，他指挥自己的军队在地面上与敌军短兵相接，那一战向世人诠释了什么才叫真正的"兵家必争之地"。"肯尼，那太让人难以置信了，"过去这么多年之后，看着如此接近的国界线，他感慨地说，"我们就在大概 30 码宽的区域内展开坦克对坦克的正面交锋。我到现在也不知道我们有没有坦克在开火前没装上弹药。"那场战役结束

171

之后，耶斯受了很重的伤，而高拉里旅也已经残缺不全。不过正如一个以色列人在事后对这个战役所做的评论所言："如果没有亲眼见到战场上那不可思议的景象，几乎没有哪个指挥官会相信第七旅（即高拉里旅）取得的胜利会如此辉煌：超过 500 辆的叙利亚坦克残骸横七竖八地散落在河谷上。"

这是大规模使用精确制导武器的第一场现代战争，通过对战争结果的研究，我们得出以下结论："能被看见的就能够被击中，能被击中的就能被消灭。"相对以往而言这是全新的思路，即使在数量上占有优势，我们也必须"赢得下一场战争的第一个战役"，原因很简单，因为你不可能有第二次机会。1976 年，陆军出版了战地参考便览 100—5，它是指导作战行动的最好的手册，这本手册的出版，也成为了为赶上现代战争新形式而进行的漫长基础改革的开端。改革初期我们学到的第一件事便是，在战场上，不同的指挥官有不同的职责。将军对兵种、师级单位以及集团军进行指挥，而上校和中尉则在控制和指挥战斗进行的过程中分别控制旅级单位和自己手下的营级单位。按照陆军的通常做法，上校和他们的步兵连、骑兵连与炮兵连，是实际参战的单位。

这样的责任划分很难改变，但是现实却迫使我们进行改变。上尉打的是局部战争——通常会受未来 12 小时内的参战军队、突发事件和实际战斗的影响。现代战争速度的变化非常巨大，坦克出现之后可以以每小时 40 英里到 50 英里的速度越野前进，这种变化让以往指挥官需要 5 天才能集结好的部队现在只需 72 小时就能完成。那种对职责的重新描述很重要，因为它谈到了谁应该对什么负责的问题，上尉其实很少越俎代庖，侵犯将军的职权。但是在我的军旅生涯晚期，我看见过的很多将军，他们都应该提醒自己：作为一个将军想的应该是大范围的时间计划，军队集结等大问题，而局部战场指挥和小范围的军事对策则应该留给他们的下属去做。（再后来，我还遇到过几个首席执行官，他们也应该做类似的反省。你也认识这样的执行官吗？）

在此也应该简要地提一下陆军深入改革的过程中发生的其他一些改变。我们由应征者组成的军队转变成为志愿者组成的军队，然后又经历了一个非常痛苦的过程，转变为职业军队。是人力和经费这两种关键的变化促成这样的转变。罗纳德·里根总统在任时，政府开始给军队增加工资，这让陆军可以支付给士兵们他们应该得到的报酬。1981 年，我作为上尉到马萨诸塞州去开展文官教育工作，那里的冬天很难熬，不过到年底我们的工资就上涨了，那意味着我无须缩减开支也能够买得起自己的燃料用油了。

更加让人自豪的是，里根总统还允许陆军和其他姊妹军种支付更高的薪金，以吸引质量更高的新兵。当时陆军补给指挥部的长官是马克思·瑟曼将军，由他开始，陆军开始习惯于"招募"具有领导潜质的优秀士兵。陆军现在这一代人配备了更好的装备，在财政上也可以保证我们能招募和挽留更好的士兵了。瑟曼将军会用他那含蓄的方式向我们提出一个问题，为什么招募士兵要坚持以最基本的素质为指导呢？为什么不是更高的目标？"问题就在这里，"瑟曼将军再三地告诫招募人员，"我们需要抓的是鲑鱼，而你们这些家伙却围着鲤鱼团团转。"

起初陆军也不敢肯定那样的"品质"就是招募的标准，但他们很快就发现马克思·瑟曼将军不但坚定而且高明。他的绰号"狂人马克思"得到广泛的认同，比他的座右铭"在其位，谋其职"更有生命力。他后来荣升为四星上将，并为了指挥美军的巴拿马入侵而推迟了退休。那次事件的结果众人皆知，当他的军队迫使巴拿马铁腕强人曼纽尔·安东尼奥·诺列加藏身于罗马教堂之中时，瑟曼没有炮轰教堂，而是在教堂门口播放高分贝的戴夫帕德乐队和摇摆姐妹乐团的音乐，令他主动现身。（如果是我，我更倾向于选择炮轰。）瑟曼指挥的这一仗把自己在公众当中的知名度打响了。也许媒体没有想像到事情的困难程度，他们贸然地要求瑟曼召开新闻发布会——果然不知道自己是在和谁打交道。发布会上第一个问题与嘈杂音乐的使用有关，只听见瑟曼用力拍着桌子，大声说道："我就是负责选择音乐的官员！下一个问题！"媒体很快就对他失望了，这样实在是问不出什么东西，对诺列加也是一样。

瑟曼一直都是这样，在巴拿马行动结束以后，当医生告之其患有白血病，最多只能活三个月的时候，他依然保持这种风格。"好的，大夫，这

不战则亡

就是 A 计划了，现在告诉我 B 计划吧。"结果，在 B 计划之下，瑟曼以顽强的毅力与白血病抗争了四年之久，而且在罹患白血病期间，他还常常接受我们的邀请到国家战争学院发表演说，或是进行其他一些类似的活动。当时我还是学院的院长，在演说开始之前，我向他询问一些重要细节，例如，演讲过程中多久休息一次喝点咖啡什么的，不过我根本就是在白费口舌，就是他手下一个受伤老兵也比他自己清楚得多，瑟曼连续不停地讲了两个小时——并让学生们捧腹大笑。不过他真正在战争学院留下来的遗产还不算太多，受到他馈赠的是现在那些天才的年轻军官，正是他的原因，他们才得以在 20 世纪 80 年代加入陆军的行列之中，成为今天高素质军队的中坚力量。当瑟曼将军的遗体从迈尔基地（Fort Myer，在弗吉尼亚州）的教堂运出，送往附近的阿林顿国家公墓（Arlington National Cemetery）时，街道两旁响起一片哭声，那比什么挽歌都要有说服力。不过有一首歌是最有纪念意义的，因为它代表了马克思·瑟曼对美国陆军和我们的士兵们的理想，这首歌叫《尽你所能》（Be All That You Can Be）。

之所以在这里谈到这些事情，主要是想让你们了解，我们伟大的将军，如马克思·瑟曼、诺曼·施瓦茨科普夫（Norman Schwarzkopf）、科林·鲍威尔等人，他们作为声名卓著的大众公仆，不仅仅为国家做出许多巨大的贡献和意义重大的丰功伟业；而且，对今天所有身着军装的军人来说，他们也是揭开军队大转型历史序幕的舵手。从 20 世纪 80 年代开始，我们对美国陆军进行了一系列的重新规划和改造，范围包括整个陆军的点点滴滴：她的人员、装备、训练模式、军规，以及最重要的领导方式。因为我们希望能够成为一支专业的军队，为国家而战，我们决定不再输掉任何一场战争。当很重要的两个因素——制定战争计划的方式与和平时期的训练方式——被我们联系在一起，并成为最重要的原则时，整个转变的过程便得以压缩。

那些就是我们在国家训练中心这样的地方学到的，可以用来检验实际情况的概念。整个过程的核心——机动性原理、实弹射击练习和行动后回顾，被我们称做基本任务条目（Mission Essential Task List，METL）。这些任务直接来自于军队的作战计划，所以对军队在现实世界的战争任务而言，它们是非常基本的训练。而那些作战计划包括了上级对特定作战单位的期望，例如，在阿富汗、伊拉克或是朝鲜这样的地方行动，军部希望他们能够向前推进多远。图 9.1 和图 9.2 节选自陆军当前关于训练的指导手册，目的是要说明真实世界的作战计划如何转化为特定单位的训练要求。

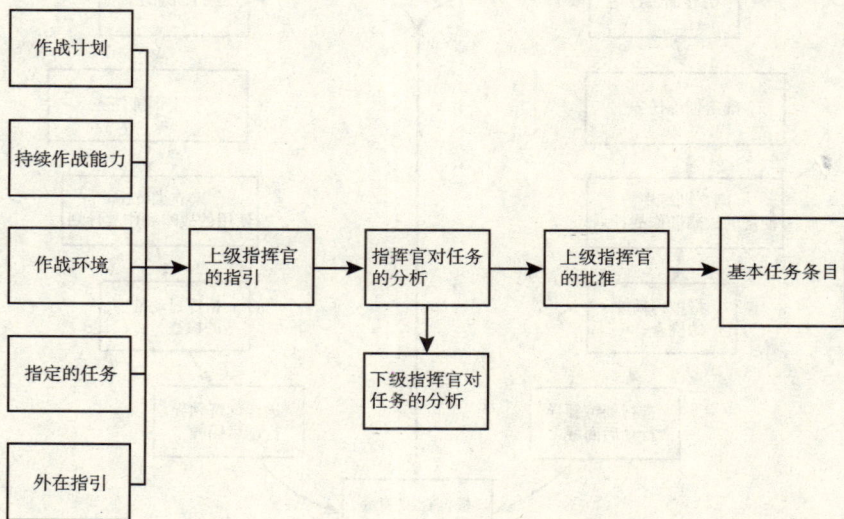

图 9.1 基本任务条目发展过程

资料来源：《美国陆军作战指导手册》7-0，"军队训练"，华盛顿特区，2002 年 10 月 22 日。

图 9.1（基本任务条目发展过程）向我们展示了到哪儿去取得战时的关键任务：从作战单位的作战计划、他们对作战环境的理解以及上级指挥官的特别指示中去寻找。基本任务条目并不是某一个指挥官闭门造车所创造出来的，而是上级和下级单位通力合作的结果，我们毕竟是一个团体。

这个过程的第二部分在图 9.2（集体训练与个人训练的综合）中进行说明，此图说明了基本任务条目如何决定作战单位日常训练中的内容。整个过程以指挥官给出营级单位的基本评价为开端，营是美国陆军的基本作战单位。如同图解显示的那样，由基本任务条目决定的标准，以及营级指

```
                    ┌─────────┐
                    │ 战役焦点 │
                    └─────────┘
```

每个指挥官 锁定完成任务 ←──────→ 选择一项工作 每个士兵
            的核心工作

引导训练评估 ←──────────────→ 进行训练评估

确定训练任务   确定训练任务

确立训练中   确立训练中
使用的战略和作战计划   使用的战略和作战计划

指挥行动前   指挥行动前
的检查   的检查

进行训练领导   进行训练领导
行动后回顾   行动后回顾

              根据标准衡量
              训练效果

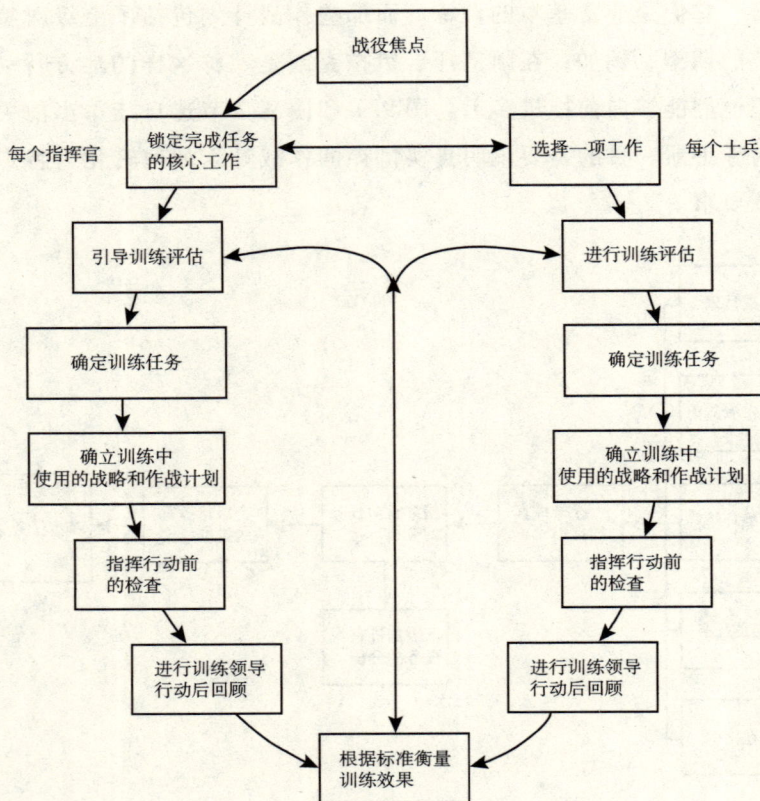

图 9.2　集体训练与个人训练的综合

资料来源：美国陆军作战指导手册 7-0，"军队训练"，华盛顿特区，2002 年，10 月 22 日。

挥官对作战单位的当前能力的评价，二者的差距正是展开训练的动力。如果在作战计划中要求某个作战单位精通渡河，那么指挥官首先会对下属队伍的当前技能情况做出评价，然后进行针对性的补救训练。在训练的每一步，他都会得到营中士官的支持，这些士官的责任是确保让每一个士兵都参与到训练中来。同样，在训练的每一个步骤中，训练结果与预期之间差距的评价结果推动了行动后回顾的进行——这是在每一个层次上同时发生的，从每一个士兵到营级指挥官自己。

现在让我们回到本章开头的国家训练中心场景中来。他们到底在干什么？他们是在进行行动后回顾，对训练演习中的表现进行评价，这种回顾可以让他们知道自己在战争中拥有什么样的能力。在我们的场景中，蓝军留下了一个难以防御的侧翼，让敌军有机可乘，进而从容地进攻蓝军的阵地。训练时犯下的错误在战争中你就不会再犯了。蓝军的战地指挥官学到了一个很有价值的经验，那就是如何部署自己的侦察力量，说它有价值，那是因为指挥官学到的经验提高了下属军队的作战能力，但又没有牺牲自己的士兵，那正是一个有效的训练应该达到的效果。

行动后回顾的思想已经深深地嵌入陆军文化之中，这不仅仅表现在正式训练之中，当一个作战单位在战区中部署作战方案时，它也能够提供一个现成的参考体系。在我亲眼所见的行动后回顾中，最为难忘的一次发生在波斯尼亚，当时我陪伴一个美军骑兵巡逻队与俄罗斯军队进行联合侦察演习，演习地点定在战区中斗争最激励也最偏远的地区。在起程之前，巡逻队的长官（一个陆军上尉）把这次行动当成该单位的实际职责，而不是训练任务去对待。他和下属详细讨论了巡逻队如何组织的问题，包括在行军过程中如何向车辆传达命令、每个人布置在什么位置、配备什么武器、预先准备的火力支援是什么（如果需要的话）、应制定怎样的交战原则等等，其中最重要的问题是：大家对巡逻队的要求和上尉希望手下达到的标准各是什么。讨论完毕后这位上尉问我有没有什么补充。我没有任何建议，事实上我从来没有见过哪一支骑兵巡逻队有如此周详的计划——我过去领导的部队也不是这样。

巡逻队干得很不错，在和俄罗斯军队进行的联合演习中，他们的表现也很优异。俄罗斯人也都是很好的士兵，不过他们的组织性就没有这么好了。我们回到营地之后，上尉立刻让大家休息，并检查武器是否退膛，稍后立即展开行动后回顾。他首先简单回顾最初目标，然后开始听取中尉、中士和下士们的反馈。这绝不是一场发牢骚的会议——虽然这样的会议很容易变得那样。相反，我清楚地感觉到，在接下来的讨论中，士兵们很好地把握了自己的角色。一个士兵注意到无线电通信的频率问题，另一个官员则抱怨说，村子里的小孩干扰了士兵们的注意力，让他们无法安心对目标进行射击。当然，演习时并没有真正的射击，不过如果真发生这样的情

177

况那么事情就很严重了。最后，上尉自己做了一个简短的总结，行动后回顾到此结束。是因为有我参观他们才那样做的吗？不，每次参加行动之后他们都会这样做，无论是大规模行动还是某些日常行为都能体现出这种行事风格。与上尉一起吃过晚饭并稍事休息之后，我向他问起维和任务中俄罗斯军人的情况，我想知道他们的优点是什么。"长官，他们的确很优秀，"他回答道："事实上他们与我们有些相像。不过你也知道，如果必须长期合作的话，他们就只能拖后腿了。"是不是觉得这种说法有些虚张声势？那只是你没有亲眼见证行动后回顾的过程罢了。

就像那位上尉在波斯尼亚所做的一样，训练的最后一点是确保每个士兵都清楚军队对自己的期望和要求。前面的两个图简要说明了一个作战单位如何获取自己的基本任务条目，并把它划分为许多独立的职责，就好像组织一场橄榄球比赛一样。这种方法关系到与战斗有关的每一个方面：机动部队、火力支援、防空炮兵、战地后勤、战场情报等，每一个方面在基本任务条目中都有明确的责任划分。同样地，就好像一支橄榄球队训练自己的队伍一样，为了让后卫了解他们的职责，必须同时引入进攻的锋线队员和四分卫，真刀真枪地进行比赛训练。这个过程应该是一个系统的、反复的、全面的过程，由下面几种因素促使训练继续进行：基本任务条目、指挥官对训练目的的看法以及对训练效果进行评估的行动后回顾。

请别忘记，营是旅的一部分，而旅是师的一部分，师则是军的一部分。军队的训练本身是化整为零的，在训练的过程中每一个作战单位都会有明确的职责。他们很清楚应该做什么，也知道为了达到应有的备战要求应如何进行训练。在这个过程中，他们仍沿用陆军的语言，如任务（task）、条件（conditions）和标准（standards）。相对于让所有人都理解在特定作战环境和基本任务条目的标准下，自己应该做些什么的部署过程，这样的规范同样很重要。那是令整个陆军统一训练方式和备战模式的基础。

不过我们还需要理解另一个更为普遍的原理，它同样很重要：在当前行动中获得的经验教训应该认真总结下来，为军队今后的发展贡献一份力量。对任何组织来说，能够将当前的教训当做未来发展的经验，都相当于拥有了一件强大的工具。在本书的写作期间，这种思路再度得到实际的应用。当时我应邀参加五角大楼的一次简报，主题是：对伊拉克自由运动经验之最新分析。特别是在这样一种高层次的行动后回顾过程中，由于他们自己特别地关注，这些令他们万分着迷的经验显得更加非凡。与此相反，我曾经见过索马里战争之后的"经验总结"过程。那只是人们寻找过失、政客自圆其说的过程，没有多少经验被真正确认和总结下来。

现在简单地看看军队在实际的调整过程中都做了些什么吧：

- 如何令战略行动计划与训练计划保持同步；
- 如何将训练计划同日常活动联系在一起；
- 如何从训练中总结出经验和教训；
- 如何将这些经验和教训应用到以后的行动中去。

仔细体会一下，你就会发现这种调整方法真的非常巧妙，我们可以肯定纳税人从这里能得到最大的回报，他们纳的税绝没有白费。不过除了可以提高我们的战斗能力、调整组织结构之外，我们发现这个过程还能应用于衡量领导培养体系，尤其是对于高级指挥官的培养。原因很简单，并不是所有的训练都发生在国家训练中心。我们运用不同形式的模拟方法去解决战争中高层次的问题，包括演习后期的指挥训练、危机场景发展以及陆军所说的"不需军队的地图演习"。和基本任务条目一样，这些行动的原动力都是我们的作战计划，以及对这些计划进行检验的需要，以保证它们能够通过真正的考验。同样有趣的是，这种程序对于检验未来指挥官来说也非常有价值，不仅能够检验他们现在的指挥和带兵作战技巧，同时也可以考察其未来的领导能力。从某种程度上来说，这些演习似乎是脱离实际的，但它们不是，回想起讨论领导能力时我们援引的麦克阿瑟名言了吗？"这里的不流血战争是其他战争的预演。总有一天，它会为我们带来胜利的果实。"在这里也一样。备战的时候演习固然很重要，但在为军队培养指挥官的目的下它却显得更加重要。这也是最后两章回到商业界的话题时将要提到的重点。当每个人都在谈论企业调整和研究组织学时，很少有人会提到这个问题，考虑培养未来领导人问题的人更是寥寥无几。

检验基本任务条目时首席执行官的七点职责

1. 保持现在与未来的平衡 无论是你的公司，还是你自己，都应该保持好当前需要和未来需要之间的平衡。对任何一个商界经理人来说这恐怕都是非常艰巨的挑战，因为每个季度的财务报表都会给他施加无情的压力，而股票的下跌则会直接影响到他的奖金，也会造成很多其他的不良影响。我们这样说并不是刻意低估当前环境带来的压力，只不过在当前压力和固有压力之间本应存在一个平衡。好，既然董事会主席告诉你应该保全现在，负责战略调整的副主席也执相同意见，就我所知，你的妻子也是那样认为的——那么你为什么还要来听我的意见？你对这些令人烦恼的事实又怎么看：将目光聚集在短期效益上的企业为了眼前的回报而放手一搏，最终导致自己的失败。读者也许记得，美国商学院到今天仍在讲授"商业循环"现象这种有规律的活动，即事物总是发生高低起伏的变化。没有哪一个经济学家敢吹嘘说自己知道如何让这种变化停止下来。如果真的能够停止，那么无论是美好的还是糟糕的时光都将不再会出现。因此，在景况好的时候，我们就应该为将来苛刻的环境做好准备。就算你只读过最基本的经济学史，而没看过更深刻一些的商业著作，你也应该知道糟糕的日子总是来得很快。就像陆军在和平年代为战争所做的准备一样，你也应该为难熬的日子做些准备。在陆军训练指导手册的每一个版本中，我们都在强调这个真理：平时多流汗，战时少流血。在商业界也有类似的说法：为将来打算得越多，困境（困境总会来的）来临时操的心就越少。惟一的问题是困境真的降临时你的公司是否做好准备。

2. 战略、经验教训以及实际行动之间的关系 我们已经看到，国防界总是努力把当前行动中获得的经验教训运用到未来的计划中去——相互独立的陆军作战单位是这样，美国国防部长也是这样（他的意图是把伊拉克战争中的灵感应用到五角大楼的改革中去）。而商业机器在不停运转，却很少看见人们从过去汲取过什么经验。我们应该如何总结经验教训？又应该如何去评价它们？我们的工作做得是好是坏，应该如何加以区别？令人吃惊的是，戴明在提出质量管理的 14 点原则时这些内容他全部都谈到了。不过他所谈论的质量改进不可能缺少对工作表现的评价，那是迎接未来的基础，同时也是对领导能力的一种挑战，因为首席执行官必须对这个程序负责。如果他没要求进行总结经验，如果他没对下属们提出这种要求，那么这些工作是没有人会做的。亲身经历才是最好的老师，不过你必须注意到经历留给你的经验教训。

3. 了解过去，展望将来 我们需要付出巨大的努力才能探知未来行动环境的特性。如果贵公司设置有竞争情报部门，那么最好把这个目标当做他们的主要任务。EMC 公司在考察外部竞争环境并试图进一步了解它们的时候就是这么做的。对我们而言外界有哪些破坏性的技术，我们应该如何应对？在商界或是在某些时候的军界，我们有一个坏习惯，总是能够找出时间对危机做出反应。为什么不用同样多的时间来预防危机发生呢？你有没有注意到世界上真正严重的问题很少是不可抗拒的天灾？从电力网瘫痪到哥伦比亚号航天飞机失事，这些既定事实都是可以经推理而预见到的！对于外界破坏性的技术也是这样，那么为什么不适当地花一点时间来进行预防呢？如果你是公司的首席执行官，那么你的员工有没有听到你表示过对经营环境的关注？你是否告诉过他们应该让公司塑造环境而不是环境塑造公司？你是否让员工们明白，为了把握未来的时机应做如下准备：了解经营环境，预测必需的条件，总结保持竞争力必备的经验教训、核心能力以及新技术，还有，培养能够在 21 世纪的商战中担当中流砥柱的商业领导人？简而言之：想做龙还是想做虫全看你自己了。

4. 为了将来调整你的公司 如果在让公司为未来商战做好充分准备这件事上，你的态度是严肃而认真的，那么你应该仔细研究一下，如何运用这里提供的方法。在商界与军事演习相似的方法有很多，你可以从许多公司，如专门从事商业情报的公司那里获得一些建议。当然军队也有称为

"参谋之旅"① 的训练，也可以让你学到一些增加商业竞争力的经验教训。我们不断地学习类似葛底斯堡战役这样的案例，在国家战争学院，学生们常常会被我们带到当年李将军命令军队前进的现场，这样他们可以更仔细地体会：这样的命令对于直接听命于皮克特将军的人们来说究竟意味着什么。在历史事件发生地对学生们讲述这些史实，教育效果极佳。不过遗憾的是，商业界只注意到其中的娱乐价值，他们至今还未开始挖掘军事演习、作战模拟、参谋之旅以及其他实践训练中隐藏的，可为商业活动所用的竞争力。另一种颇具创意的领导能力培养工具在商界中还使用得很少，那就是设立一个世界级的假想敌，然后在此基础上进行常规训练，就好像我们在国家训练中心看到的那样。如果你们是百事公司，那么这样的假想敌就可以和可口可乐公司相类似；如果你们是沃尔玛公司，那么大可以按照塔吉特（Target，美国最大的大众化商品零售商之一。——译者注）公司的形象设计一个假想敌。总之，无论你是谁，在你的经营领域中总会有直接的竞争者，为什么不把他们复制下来呢？我们认为这种方法就是"在咨询台上给你的对手留一个位置"，这种方法在军事领域内有效，在商业领域内也一样有效。此方法的主要作用是：帮助你评价销售计划、分析战略规划，让你明白自己在遭到某个比你还了解自己的对手攻击时，你的经营计划还能否继续执行下去。在国家训练中心的训练中，我们学到的也就是这些东西。你是希望在假设性训练中被击败还是想在现实中遭遇滑铁卢？那就是我们一直强调的一点：平时多流汗，战时少流血。

5. 让管理水平达到与工资相当的水平　这一点是第一个要点的延续，但它值得我们在此重申。无论如何，你必须花钱和时间来保证基本的生存。你如何在管理上分配自己的力量？是对将军们进行管理还是对上尉级别的官员进行微观的管理？调整军队进行战线很长的会战还是选择在封闭战场进行战斗？请记住陆军在 20 世纪 70 年代的主张：上尉应该指挥封闭战场上的战斗，而将军则应该指挥那种持续四五天以上的持久战役。如果

---

① 由德国人于 19 世纪发明的一种军队与民间交流模式，可以让人们学习到一些军事战略和决策过程。——译者注

你在本财政年度没有考虑过两年以后的情况，那么就很可能出错。不管压力以什么形式出现，都只有你才是自己的救世主，只有靠你自己才能将战略眼光扩展到合适的范围。在海湾战争期间，有一次我提到了贝特·米德勒（Bette Midler）的反战歌曲《远离》（*From a Distance*），我认为那首歌其实根本不是对远离武器的赞赏和歌颂，这种意见激怒了一个教会听众。我认为，要向一个人伸出救援之手，那就必须在他发现你进入他的射程之前感动他，你也应该这样做。如果整天思考的都是局部、封闭的战争，你将很容易忘记自己的重任：筹建将来的作战力量。而且在这些局部的战场中总会有一些变得比你想像的更加平静，却在你恍然未觉的时刻骤然发生剧变，给你措手不及的一击。我敢保证，那是一定会发生的。

6. 确定并培养继承人　也许你想在本行业内或是同等经济水平的人群中这样更加普遍的范围内考虑这个问题。我常常为这样的人群做商业演讲，效果很好，他们总能够将学到的知识应用到市场中去。不过，无论考虑范围如何，培养未来继承人的过程中都包含四点主要职责：

（1）优秀的领导者应该具有什么样的领导品质，如何让后继者继承这些品质，在这个过程中老一代领导者应该做些什么？

（2）在道德价值体系和个人品质的培养方面，老一代领导人应该扮演什么样的角色？

（3）老一代领导人应该向培养对象展示什么样的绩效标准？

（4）他们应该如何领导公司？

我承认在这里面有些偏见，以上的领导品质并不是一个外部的招聘人员可以评判的——也许对于最基本的品质他们还能进行鉴别。原因也很自然，培养未来的领导人应该是商业领导者的主要工作之一，对首席执行官而言更是如此。从他坐上那个位置的那一天开始，他就应该为公司的明天负责。虽然许多陈腐的观点都认为那是人力资源部门的事情，但在这里我还是要说，如果在进行前面推荐的高水平商业模拟时，还保留着审查 CEO 继任人领导力之目的，那么这种模拟会更加让人感兴趣。

有漂亮简历固然好，但如果能够在模拟的商战中展示考察对象的能力，那就更妙了。

7. 树立榜样　关于领导能力方面，对我而言最为基本的原则莫过于，要成为一个领导首先要大家都愿意追随你的脚步前进——而在你能够领导他们之前，你必须学会领导你自己。另一种说法是"要同时保证技术、战术的精通"。但不管是在军官培养学校，还是在西点军校的第一年学习中，你所接受关于领导原则的教育都能够归结为相同的一点：个人的领导能力通常与平日树立的个人形象有关。对一个首席执行官而言，那代表着你必须向人们展示自己的行动重点，让大家感到，是你在掌控你自己的时间表和年度计划，而不是它们在掌控你、让你疲于应付，就好像富勒所说的那样："总司令被绑了起来，就像进入小人国的格列佛。"我刚到西点军校工作的时候，常常和一大帮人一起去长岛海湾钓鱼，随行的还有一个专业的渔夫，在大家晋升为少尉之后就很少被人责备了，不过这个家伙却常常责难我们。每当一条大鱼上钩，他就会用惯常的语气训道："喂，是你们控制那条鱼还是那条鱼控制你们?!"如果遇到的是一条大金枪鱼的话，这个问题还是很有意义的。它也是一个不赖的管理学问题：是你控制自己的业务和公司，还是受它们的控制？是你主动地运用管理能力解决问题，还是被动地接受管理任务？或者两者兼而有之？在下一章中，你将再度思考这些问题的答案，因为我们将会进行一个小测验。这个测验要求你如实回答，我将帮助你走出困惑，并掌控局势，而不让局势控制你！

作 战 计 划

任 务 目 标

对所有将要发生的事件，或者发生了不会对全局有糟糕影响的事件，都需要进行深入规划和有效实行，这是一个复杂的组织过程。由于经营环境变得越来越复杂，形势要求企业要有很快的行动速度——但如果有人在最关键的时候出错，那么整个公司都将脱离正轨。防止这种事情发生就是首席执行官的责任——这就需要集中力量对企业进行调整。

- 在当前行动中获得的经验教训应该认真进行总结，为机构今后的发展献一份力。对任何组织来说，能够将当前的教训当做未来发展的经验，都相当于掌握了一件强大的工具。

- 我们来简单看看军队在实际的调整过程中都做些什么，他们的行动包括：如何令战略上的行动计划与训练计划保持同步，如何将训练计划同日常训练联系在一起，如何从训练中总结经验和教训以及如何将这些经验和教训应用到以后的日常训练中去。

- 无论是你的公司还是你自己，都应该保持好当前的需要和未来的需要之间的平衡。这对任何一个商界经理人来说恐怕都是非常困难的挑战，因为每个季度的财务报表、每一次的股票下跌，都会给他施加无情的压力。我们这样说并不是刻意低估当前经营环境中的压力，不过在当前压力和固有压力之间本应存在一个平衡。

- 现在，很多将目光聚集在短期效益上的企业们为了眼前回报而放手一搏，最终导致自己的失败。无论是美好的时光还是倒霉的日子，都不会是永恒。因此，在景况好的时候，我们就应该为将来苛刻的环境做好准备，因为糟糕的日子总是来得很快。就像陆军在和平年代为战争所做的准备一样，你也应该为那样糟糕的日子做一些准备。

- 如果你处于本财政年度，却没有在头脑中考虑过两年以后的情况，那么你将很可能犯错。不管压力以什么形式出现，都只有靠你自己去将战略眼光扩展到合适的范围内。

- 培养未来的领导人应该是商业领导者——尤其是首席执行官的主要工作之一。从他坐上那个位置的第一天开始，就应该为这家公司的未来负责。

- 个人的领导能力大多与平日树立的个人形象有关。对一个首席执行官而言，你必须向人们展示自己的行动重点，让大家感到，是你在掌控你的时间表和年度计划，而不是它们在操控你，让你疲于应付。

10 总　结

　　本书到这里已经接近尾声，前面的几章哪怕是只吸引住了你的一点点注意力，你也应该会有这样的疑问：这些东西在真实世界究竟是否可行，它们会不会只是有一点理论价值而已？事实上，你也许会这样想："是的，对军队来说，你写的这些详细计划和训练机制都很好，但军队是受财政支持的机构呀，根本就不用面对每个季度的赢利报告，也没有商业领导者所必须承受的其他种种短期压力；而商业就是商业，不会有谁给予财政支持——就算给也不会像给军队的那么多。如果我们要做的事情超出了自己所能承受的极限，我们只好不做，不是吗？"对此我表示充分理解，不过还请你继续往下读，因为本章讨论的是怎样才能把公司上下拧成一股绳，以此为你的公司增加竞争优势。这个问题对所有首席执行官、首席财务官、首席信息官、企业副主席还有董事会来说，都是一种挑战。本章提供给你的建议决不是纸上谈兵，我们将向你证明，良好的计划制定、绝妙的战略以及优秀的领导方法确实能够使你在真实世界中大获成功。不需要对信念的大幅度革新，不需要"宏伟、艰难而大胆的远景目标"，也不需要对股东进行欺瞒，只要把注意力完全集中在最基本的商业方法，以及如何将这些方法与一系列让你跑在竞争者前列的行动合为一体上。

　　在这个发展过程中，起作用的主要动力对许多不同的组织来说都是一样的。简而言之，策略就是组织长远理念的体现，商业政策、国防政策还

187

有立法策略，事实上任何策略都需要领导者做出取舍，而这些选择对最后的结果都有决定性的影响。我第一次体会到这种动力的作用，是在我任职于陆军参谋部的时候。由于我那时刚拿到博士学位，因此参谋部便让我利用这一点加强国防安全界与陆军之间的联系，在那个时候，安全界还常常会混淆"战略性"（strategic）、"核子的"（nuclear）、"大规模"（significant）等术语之间的区别。其中麻省理工学院的一个教授，把我们当做一无所知的初学者，花了整整一个学期的时间给我们讲解核战略的构成要素：发射台、弹头、有效当量以及总体杀伤率。期末考试要求我们综合考虑上面的几个因素来描绘美国与苏联之间的核战略平衡，这种考试很有趣。第二个学期还是用同样的办法进行教学，思路也毫无变化和新意，只不过教学内容变成了常规军队。从这时候开始我便注意到了这种课堂训练方式的弊端。我们的战略决策者们也在遭受着常规军队陈旧思路的折磨，早在20世纪80年代中期苏联领导人戈尔巴乔夫开始对苏联军队进行改制，并最终以欧洲为主要对手的时候，五角大楼就已经被迫去面对现实的常规部队控制问题了。

即使是到了今天，陆军的传统定位和文职的国防部长唐纳德·拉姆斯菲尔德的领导思路之间仍然存在着一定的分歧：陆军倾向于构建大型、重型部队和装甲部队，而国防部长则希望建立一种轻型的、更加灵活，也更易于调动的部队，因为这更适于进行反恐战争。无论如何选择，有一点都是毋庸置疑的：要想让事情得以顺利发展，首先必须打的是理念之战（war of ideas）。如果没有进行过那样的理念之战，而你又希望得到可以将思想转化为行动的战略观念，那么这一仗就更应该打了。请记住最基本的一点：如果有足够的时间，你至少还有机会让事情顺利发展下去；如果连时间都没有，那就不要痴心妄想了。

今天，对几乎所有的商界领导者，尤其是首席执行官们而言，这种思想具有非常重大的意义，为数众多的现代公司的企业文化都认为，时间是任何人都不能随意浪费的奢侈品。看起来我们都已经接受了这种观念：一天应该分割成大量细小的单位，每个这样的单位都是推动公司股价的汇报周期。

　　所以，我希望现在能够引起你的注意，并扭转你的思路。幸运的是，早在 20 世纪 70 年代与陆军的审讯员们在德国共事的时候，我就已经学到了这种方法。其中最优秀的审讯员是为我们工作的一个日耳曼人，名叫"奥托"，是一个仪容整洁、发音清晰并且办事严谨的专家。尽管他还很年轻，与第二次世界大战的电影中，那种不停审问迫降美国飞行员的纳粹军官的经典形象还不太吻合，但也有些相似了，并且似乎有朝那个方向发展的强烈趋势。我们常常请他为我们办一些最困难的案子，其中有一个是众所周知持有异心的美国步兵（在那个年代被征召入伍的陆军人员中有很多这样的人），这个步兵抵抗住了所有的审问。一天，我们通知这个步兵，即将有一个"德国代表"来向他宣告他在"德国法律下的权利"。只见奥托严肃地走来，身着一套剪裁出众的黑色西装。他径直走到那个步兵的面前（一点也没有夸张），然后并直脚跟，立正说道："根据德国的法律，你有权进行坦白！"然后这个步兵就迅速地坦白了。

　　这个故事对你应该有所启迪。我从来没有把美国企业界对时间的流行看法放在心上。相反，我认为：第一，作为一个商业领导者，应该是由你自己来掌握自己的日历，而不是其他的方式；第二，你应该明白如何利用时间，就好像如何利用资金一样——这是成功的最大因素。这就是我们现在所讨论的问题：如何让时间为你服务，而不是让它和你作对；如何运用这种优势来实现更为出色的战略计划编制过程，以及对企业经营活动更好的协调。

尊重规律的革新：概念

　　请回想一下迄今为止我们在本书其他章节讨论过的问题：以价值体系为中心的领导观念、更好的组织方法、更加有效的战略、企业情报还有企业安全。对这些问题我们都仔细地进行了分析，因为它们体现了 21 世纪全新的且颇具挑战性的商业环境的各个不同方面，无论如何企业都必须处理这些问题。现在问问你自己我如何处理所有这些事务或是其中的一个，以保证它们（1）不相互抵触、相互对立；（2）能够完全处于公司的控制之下？这两个问题都是有关调整的经典问题的一部分，我们在此处提供的解决方案称为"尊重规律的革新"（disciplined innovation）。图 10.1 描述了一个非常紧凑的过程，由四个部分组成：愿景规划、任务确定、战略制定和商业计划编制。对于这个过程，大多数美国的大公司——至少在名义上——都宣称自己已经运用于日常经营活动之中。但他们真的这样做了吗？你呢？继续往下读，然后让你自己来判断吧。

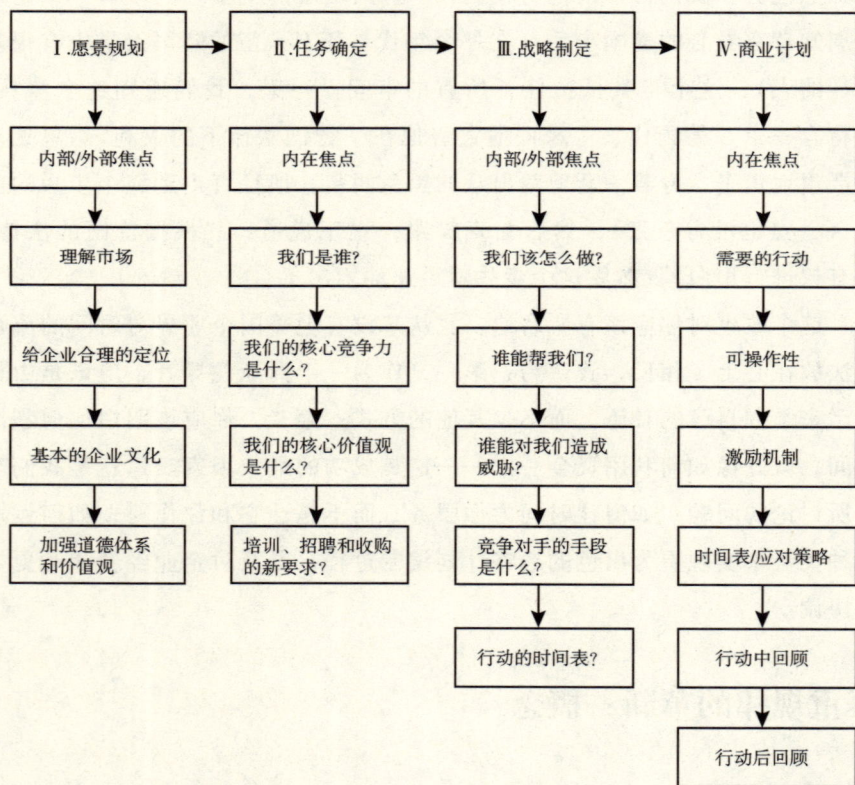

Ⅰ.愿景规划	Ⅱ.任务确定	Ⅲ.战略制定	Ⅳ.商业计划
内部/外部焦点	内在焦点	内部/外部焦点	内在焦点
理解市场	我们是谁?	我们该怎么做?	需要的行动
给企业合理的定位	我们的核心竞争力是什么?	谁能帮我们?	可操作性
基本的企业文化	我们的核心价值观是什么?	谁能对我们造成威胁?	激励机制
加强道德体系和价值观	培训、招聘和收购的新要求?	竞争对手的手段是什么?	时间表/应对策略
		行动的时间表?	行动中回顾
			行动后回顾

图 10.1

我们必须对这个流程的基本目的保持清醒的认识。如图所示，它们是：

- 令公司中多个同时进行的经营活动保持同步，或是其他人所理解
  的——得到调整；
- 让企业有能力应对商业活动环境中可以预见的变化；
- 把首席执行官的领导理念与个人负责的实施行为联系起来；
- 拓展规划愿景。

简言之，这种方法暗示了一种思想，那就是一个组织的领导人可用的时间越多，那么他备用的选择也就越多；不过前提是他们明智地使用了这里给出的规划步骤。

愿景规划

整个规划决策过程以首席执行官的愿景规划为初始点。首先要强调，我们在这里讨论的"愿景"（vision thing）并不是通常企业发展阶段的空想和胡话，也不是树立"宏伟、艰难而大胆的远景目标"那样仪式性的规划。和那些大不相同！我也承认这种思路除了是我自己的看法，还有部分的灵感是来自军队的相同概念"洞察"（visioning）。我们都坚信，一个大手的将军站在一幅小比例的地图面前，就能构成世界上最危险的事情，如果你看见他做出什么明显的手势，并说道："我能想像得到"，那么就赶快逃吧！在商业活动和战争之中，有远见就会有结论，这样说的主要目的，是为了引出下面即将要讨论的一系列随之而来的行动。首席执行官们常常会在描述愿景的措辞上遇到困难，在内容本身的选择上却往往不会有所阻滞。回想第四章中托马斯·穆勒提出的规则，那是他揶揄国会时所发的精辟之语："千万不要写一封你自己都没有办法答复的信。"与此类似，千万不要在你的愿景中描述你不打算开展或真正去做的事情。如果你没有这样的打算，就一定不能这样说。这是非常基本的原则！

同样，要对应该做什么保持一种清晰的认识：包含对现实的内部认识和外部认识。因为愿景必须包括首席执行官本人对商业环境的认识，同时还要包括在那样的商业环境中，企业要想取得成功应有的定位和能力。注意，两者之间的对比并不是来自于空想或过于烦琐的调查。相反，那是

191

"理念之战"的一种重要副产物。为了不让首席执行官的时间全被那些相对细小而无关紧要的任务所占据，他需要一个全天候、高水平的"传感器"来告诉执行官，在公司的竞争领域内发生了什么：这个行业还有利可图吗？市场上出现了什么样的新产品和新式服务？有什么节约劳动力或是节约资金的技术已经成熟到可行的地步？最重要的是，即将出现的对公司具有潜在破坏力的新技术是什么？

你可以回想我们先前提起过的军队指挥与控制系统，那有助于加深你的理解。首席执行官要执行其愿景规划的职责，就应该成为公司中应变意识最好的人，这也是他的职责。他要如何才能做到这一点？从他做的每一件事情上——阅读的书籍（包括本书）；参加的会议；与之交谈的人；还有最重要的，让他能够胜任首席执行官职位的个人阅历和判断力。好比一个优秀的司机，他敏捷的第一反应可以确保自己的驾车安全。但是他也必须不停地寻找路标，查看地图，或是寻求其他任何能够给予他道路提示的帮助。很难想像，一个完全没有聘请竞争情报顾问和市场调查人员的首席执行官，如何能够达到他应有的水平，来完成自己的职责。我们的顾客是怎么看我们的？他们是怎么看待我们的竞争力的？他们想从我们这里获得什么样的产品？我们向他们仔细描述过我们的产品和服务吗？承诺过什么吗？再仔细讨论一下理念之战吧！

通过提出这些实际的问题，我们知道，首席执行官对公司的实际能力同样应该有一个深刻的理解——就像他很清楚公司应该拥有的能力是什么一样。那是非常重要的，因为他必须努力促成环境要求和公司应对能力之间的平衡。在达到那种平衡的过程中要考虑到一些主要的条件，包括企业文化、道德规范和价值体系等。这几个方面的情况描绘了企业真正的面貌，也展示了企业员工实际的能力。为什么在你接近革新的关键结果时，那些东西会如此重要呢？因为变革也可能具有破坏性，在要求你的员工适应这些压力之前，对他们能够承受多大的压力，能够适应多大速度的变革，这样的变革对他们而言有什么益处，你都必须做到心中有数。从某种意义上来说，此处的首席执行官与需要完成一个急转弯的飞行员是何其相似，后者也必须对自己飞机的性能了如指掌：机翼的荷载重量是多少，引擎功率有多大，操纵台面的参数是什么，等等。最好的办法是，在这些参数允许的范围内进行操作，让"关心你的员工"成为战略计划制定过程中的一个内在基础。

很多首席执行官都会受到当前一些平凡浅薄的事物的蒙蔽，因为愿景声明的书写常常会在典型商业会议的典型进程中占据一定的位置。不过我们这种方法的与众不同之处在于，它用现实主义的方式将规划愿景的年限推至三年到五年。在当今的商业世界，"现在主义"已经获得了神圣的地位，"三年到五年"听起来简直就像痴人说梦。但我们看看另一种选择：让规划愿景变得更短些，于是你便让自己回到我们所说的局部战争状态，就好像商战中的游击战一样，看看现在在伊拉克的遭遇，那真是一种令人讨厌的作战方式（尽管有时候是必须的）。

同时那也意味着你对于未来并没有多大的主动权。意味着你不仅要承受商业循环带来的影响，同时还要面对在增长率和市场占有率上因"非自身过错"而造成的局限，更好的计划或许可以令你避开这些限制。我的旅行代理人总是不厌其烦地告诉我，应该在去机场之前做好未来5个月的旅行计划，这不仅是受机票购买的限制，同时还有费用上的考虑。很显然，如果我要做 CEO 就应该做有这种习惯的 CEO。一个首席执行官如果在相似的条件下轻率地接受一场商业挑战，那么他就像参加一场艰难的比赛一般，无论怎么选择都会举步维艰。就像一个战术指挥官一样，你必须学会明智地选择你的阵地。如果未能找到充实愿景声明的好方法，那么最好把它当做没有什么用处的文件好了。现在，也许你很想让我知道，你们在公司已经开了很多次会议了——有一些还长得让人难受。它们被标榜为"制定战略"，不过可能最多就是你提出预算的数目，然后用最笼统的措辞将"发展业务"描绘一番。抱歉，朋友，不过我还是要说，你正在重复许多美国商务人士都经历过的典型错误：本末倒置。想像一下，一个建筑公司举行了一个会议，会议全程一直在讨论某个工程需要的钢材数量以及相应的花费，但会议自始至终都没有确定建筑的用途，也没有哪怕一幅工程简图来刻画该建筑物应该是什么模样。你觉得这个比喻有些牵强，因为没有人会做那么愚蠢的事情？嗯，我也希望没有。但如果在没有一个清晰的愿景规划之前，你就开始制定计划，那无异于建造一座没有蓝图的建筑。如果你认为现在的会议太长了，那么就等事情开始变得不可收拾的时候再来开会吧！用军事术语来说，就是：在取水点的下游建造厕所；洞察到了想要达到的结果才开始进行战略计划制定。明白了吗？

使命

当我作为一个中尉在德国服役的时候，我们营的执行军官（XO）就从未给我解释清楚过任务（mission）的概念。作为一个少校，他莫名其妙地被调到了情报部门，主要原因很可能是因为他的母语是德语，除此之外再没有其他可能的解释了。就连奥托都觉得他很乏味。因此他被安置于后勤事务（意味着"没有实际任务"）负责人的位置上。在将领们进行年度视察之前，我们的上级指挥部好意地派遣了一个普通的工作小组来"帮助"我们。少校告诉我们，我们的责任是维护通信装置，保证其正常运行。就在这个时候，新近被征召入伍的一个年轻人打断了他的话，比起整个陆军来，他更憎恨这个执行军官。他用嘲笑的口吻问道："那真的是我们的任务吗？""喂，我告诉你了，那是我们的任务，"执行军官大声吼着，明显加重了语气，"我们应该做上级让我们做的事情，那就是我们的任务！"自那以后，陆军很快就让这个执行军官到轮胎翻新工厂去寻找他的前途了。

正如图 10.1 所示，在愿景和使命宣言之间必须有很紧密的联系，就好像俄国的洋娃娃，一个和另一个紧紧地连在一起。倒不是说这样就有什么保证，因为在商界中，存在愿景，同时再进行任务宣言的事例到处都是，根本不值一提，除非你真正地提供了两者之间的联系。在最基础的层次上，使命宣言应该表达的是：什么是我们的任务（使命），我们是谁，我们的核心能力是什么。如果不回头看看你的愿景规划，从需要的核心能力开始看清愿景规划是如何决定任务参数的，就不要指望你能把使命宣言制定出来。

本书最后一章的主题将在此展现，原因是很自然的，任务当然会引出"基本任务条目"。在国家训练中心每天都要用到的思考过程在这里同样有效：如果我必须执行任务 A、B、C，那么基本任务条目 X、Y、Z 就是绝对重要的。［此处对你的公司有一个妙手偶得的提示：如果你们有一打以上这样的任务，那么请最好重新拿起绘图板，因为你不小心做出了一个"有用任务列表"（Useful Functions Task List），它与"基本任务条目"是不一样的！］在这个阶段还有另外两个有用的步骤：

1. 为任务可能发生的变化保留调整的余地，可以在计划制定的过程中加上一系列理论上的"如果……"（还记得艾森豪威尔元帅的观点吗？"计划本身没有什么用，但是制定计划的过程则是必须的。"）

2. 在优先考虑企业文化、道德规范和价值体系的基础上，初步估计企业进行自我调节以适应新任务或新的基本任务条目时，可能发生的改变。这样的改变是否会引起公司扩编或是新的训练任务——或者甚至会导致重新调整战略？如果是这样，那么这个阶段就是为这些事情做计划的阶段了。

战略

　　一旦任务和使命确定之后，我们就该处理战略的问题了，在这里我要再一次强调任务与战略之间内在的联系，以免人们将两者完全地孤立起来。与第一个阶段相同，战略制定同时包括对世界的内部观点和外部观点，即是说，包括公司内部和外部两个方面。由于各种原因，关于战略我们已经在本书的其他地方进行了详细讨论。在任务确定阶段明确回答了"我们将要做什么"之后，战略制定阶段也需要回答最基本的"我们怎么去做"的问题。不过在这里我们还有很多机会对所有可行的战略进行全面评估：我们怎么去做？谁能够帮助我们？谁可能会伤害到我们？任务执行的最基本的时间限制是什么？这是一个长期的任务还是一个短期的任务？如果这些问题你都回答得不错——也只有在这种情况下，对一个战略进行的调查、构建和决定过程才会是一个相互协作的过程。反之，请回到过去

195

的做法，以免为自己惹麻烦：在企业年度会议中完全孤立地决定你们的战略，会议地址最好是定在霍姆斯特德或帕姆斯普林这样的地方。然而，如果坚持要求以正确的方式制定战略计划，那便是一个关联性很强的过程。在这个过程中你应该让竞争情报搜集人员与市场调查人员还有愿景工作小组通力合作，这样才会有意义。你是否曾经巧妙地让你的情报搜集人员和愿景参谋顾问形成"敌对的顾问"？厉害！让他们像敌对的两个世界一样描述自己的战略观点。对制定全面战略计划的基本要求而言，这些都是基本的步骤。这样的全面战略计划要求涵盖商业活动的各个方面，而不是其中某些部分。最好还要记住别犯我们在上一个小节提到的重大错误，即不要提出一个公司根本无法实施的战略。如果在这个阶段你做得很好，那么就可以利用已知的、被证实了的能力来检验备选的战略了——包括你的战略和对手的战略，这至少可以让你领先于本领域中 50% 正在营业的公司！不过最基本的一点，是能够从你的情报人员和调查人员那里，获得关于世界未来的面貌，以及公司如何尽可能地扩展规划愿景的最好建议，并利用这些建议来充实你的战略。因为你的规划愿景扩展得越宽，你的选择也就越多。如果其范围越窄，那么你的竞争面就越窄，你就容易陷入局部战争之中，身不由己地做出选择。

商业计划

实现整个战略过程的最后一个阶段是制定商业计划。再一次提醒读者，千万不要忽略计划制定过程的内部连续性。一个非常宏观但也关注于某些具体问题的愿景声明能够为公司及其核心能力创造出更加明确的使命。从那开始——再由一个关联性很强的计划制定过程进行强化——便产生了战略，回答问题"怎么去做"的部分。这个阶段结束之后就进入了商业计划的阶段。所有这些过程都应该保持其内部一致性，因为它们都有共同的目的，即提出一系列联系紧密的，可以由特定个人完成的行动方案。这种一致性和连贯性、整个组织的协调性以及落实到个人的责任，可以让企业——或是军队——产生不可思议的高效率。许多公司当然也能够运用类似的计划制定步骤，但问题是，在这个计划的执行过程中，在公司的日常行动中，效率有没有得到应有的强调？

商业计划同样也要回答第三个阶段遗留下来的一些琐碎问题：必需的行动计划是什么？应确定有什么样的进度表和时间表？对贡献和责任的可能需要的衡量标准是什么？要求达到这些执行情况指标的动机应该是什么？正是这些为行动和执行情况明确规定了截止日期的详细计划，使得整个过程中需要 CEO 去完成的艰难的思维工作能够顺利完成。没有了它们，那就好像在一间没有接电源的房子里面安装插座和电源出口。通过详细的计划制定机制，这个阶段还可以借由领导层开展的其他行动来完成，例如在副总裁级别上每周一次的管理会议，这个会议还可以让首席战略官也参与进来，由首席执行官来主持会议。其他可以运用的手段还有"行动进行中评价（In-Progress Reviews，IPRs）"，可以用来评估正在开展的行动，就像用行动后回顾来评价已经完成的行动一样。

所有这些工具的目的都是给行动以指导，而不仅仅是为组织会议提供方便的借口。此外，通过纠正常常偏离正道的执行过程，它们同样能够加深首席执行官的理解。不过，执行这个模型的最大动机，也可能是在长期运用这个模型的情况下可以引导员工更加遵守纪律。在任何商业框架之下，每天都有很多可用的选择。与继续在这个领域发展相对的，是放弃这块战略阵地，转战他方；如何分辨这两者的区别？它们都需要对战略进行不断的评估——前提是你将注意力放在了更长远的目标上。在没有战略基础的情况下，这是很难做到的。不过，正如我们以前所看见的，要建立一个这样的基础常常会伴随着一个冗长而且高度官僚化的过程。相反，我们给出的方法，实现了所有的目的，而且还绕开了那些障碍。而且，这种方法还能为公司提供一根准绳，来评估它们该往何处去，以及在那样的连续过程中应该如何定位。

推 论

1. 对组织进行调整 让我们再次回到本章开始时遇到的挑战上来。本书详细讨论过的几个关键商业领域，要不了多久就将成为企业景观的一部分。假设你想进行我们建议的变革，那你应该去调整三件事情：你如何定义成功？什么方式比较高明？什么方式根本没有意义？你也看见了，圣吉以及其他对"调整"怀有疑虑的人们基本上是正确的：他们，以及他们的顾问们根本就不知道如何才能实现"整合"！事实上，除非你拥有和我们这里一样好，甚至比这个还要好的方法，否则那个过程根本就没有什么意义。并不是因为此方法最早适用于军队，也不是因为它是本书提供的，主要原因是它跨越了许多不同的商业过程，为首席执行官提供了一种普遍的方法，以他的领导为中心进行企业的调整。我有自己保持灵感的方法，在我的办公室的墙上，是一个真正伟大的美国人文斯·隆巴尔迪（Vince Lombardi）的重要名言，在其大作《什么让我傲视群雄》（*What It Takes to be No.*1）中，他说道："胜利不是某个时候的事情，是始终要保持的事情。你不应该在一小段时间内胜利一次，你也不应该只在一小段时间内把事情做对，你应该始终那么做。胜利应该是一种习惯。不幸的是，失败也一样。"有时候一个企业的成功方式与一个橄榄球队的成功方式如出一辙：它必须进行根本的商业实践，而且每一天都要这么做。仔细领会一下这些实践活动是如何与战略、商业计划及其相关行动相呼应的，现在这是非常重要的问题。那关系到一致性、责任问题，甚至还有调整以及制定目标衡量方法的问题。这并不是一个学术练习，因此你也不会在商学院中看见人们刻意提到这些东西。但是在实际应用中它却拥有难以忽视的优势。这种优势在战争中已经被证明了——那是所有竞争中最为残酷的一种——因此在商业上同样也能适用。

2. 别炮轰科学　　这里提出的模型本身决定了它能够预想到可能的未来——包括成功和失败。但这确实不是很难的方法，无论是谁都不会因为觉得这种方法过于奇特或是过于新颖，而呆呆地看上几分钟也不知所云。事实上，你一定禁不住想知道，自己究竟有没有错过那些常识无法提供的东西，不用怀疑，好奇是人的天性。问题难就难在这里：这种应用战略的方法的真正不同寻常之处在于，有千千万万的商务人士在谈论它，但是真正去做的却少得可怜，也很少有人应用其四个核心过程——愿景规划、任务确定、战略制定和商业计划编制——中的任何一个，来部署一致的由具体个人完成并负责的行动。其他的事情，根本就是在浪费时间，因为在你规划愿景时，创造和调整这样的事情都应该在基本的商业进程中完成了。创造性的灵感能够为商务人士决定他们的未来，他们不会面对缺乏这种灵感的痛苦，但却缺乏将这些灵感贯彻执行的规律性方法。通常这都是一些简单的事情——例如，用已知的对手能力来检验预期的战略，或是提出足够明确的任务，以编制基本任务条目，等等。更加重要的是各种过程之间的联系，可以让所有有价值的行动协调地按顺序发生，而不会变成完全随机的事件。除此之外其他方法都是无效的，这是隆巴尔迪式的要求。让我们开始改造基本的商业活动过程吧，令它们变得结构更清晰、规律性更强——相对廉价、万分高效，广受商务人士遵守，让它不再蒙受耻辱。

3. 确定并培养未来的首席执行官 在上一章中我们已经指出，将注意力放在基本的战争过程中时，作为副产品，我们也可以培养出下一代的领导人。原因是：坚决地将精力集中于把握现在和突出未来，正是确定最能够应付这种环境的继任者的天然选择方法。相反，当今整个美国企业界甄选领导人的方法看起来与第三世界国家的方法没什么差别。大多数公司都有一个默认的长幼强弱次序，谁处于什么位置都由潜规则来决定，两个人之间的比较则完全看简历，但那只能反映过去的生活经历，并不能代表未来。为说明这一点我们举一个例子：多年以前，我的许多好友——都是退休的军队军官——到同一家公司 X 公司任职。另一家公司 Y 邀请他们去评估该公司的领导培养方法，并就如何提高培养方法的效率询问他们。在进行这项工作的时候，我的朋友们有机会接触了 Y 公司许多冉冉上升的新星，与他们进行了会谈和交流。见面的人都是将来 CEO 位置的潜在候选人，或已经是地区级的副主席。他们之间还有共同的一点，此前都曾是首席财政官（CFO）。你对会计师也会有些期望吧，他们能够从原来 CFO 的位置上当选地区级的副主席，当然是这个头衔给他们加了不少分。在这个故事中至少有两点肯定给你留下了深刻印象：第一，如果一个会计师不知道如何让自己飞黄腾达，那么他知道的也不会太多；但第二则是，这说明了领导层此前混乱而且绝对平庸的财政能力，因为这样，也只有这样，他才会如此选拔人才。如果这些候选的 CEO 受到公司的培养，最后其中一个被选为 CEO——就好像平淡无味的电视连续剧中演出的那样，那么中间的过程也许还会有些意义——不过在那之后一切恢复如初，什么事情又都有可能发生了。

这与陆军高级领导人的培养和选举过程形成了鲜明的对比，这毫不奇怪，陆军的选择方法虽谈不上完美无缺，但它是建立在这样的假设之上的：候选人的目的不是寻求经济回报，而是能够清楚证明自己将来为国家机构服务的潜力。这样的流程培养的领导人常常都不是那么完美的。我的 MSNBC 同事，前空军中校里克·法兰柯纳还记得他的一个上司对一群下属说过的话："在这里，没有惩罚就是对你们最好的奖赏了。"

不过，军队在检验未来领导者构思和执行战略设想的能力上所做的工作非常出色。我们用"战场指挥训练程序" （battle command training program）这样的方法来对他们进行检验，在这些训练中，他们有机会展示自己在未来完成任务的能力。目前在企业界还没有人这样做。他们没有将未来的领导人放在"未来的"环境中，看他们做得有多好。本质上说，他们选择未来领导人的方法与选择战略的方法一样：承包给外面的人来进行运作。而提供这种服务的外部公司对比简历的方式又与他们对比"宏伟、艰难而大胆的远景目标"的方式差不多，刚才我还说过今天 CEO 的挑选与第三世界国家的继任安排没什么两样：以一种很随意的方式进行，受强烈的个人意愿所控制——由猎头公司给予帮助。看起来是不是很相似？

4. 流行的民间实践方式　你认为这种说法很夸张吗？那么就让我们来纵览一下民间盛行的实践活动吧！我以一本书作为依据，该书的作者是两位著名作家，罗门特·富尔默以及马歇尔·戈德史密斯，书名为《领导层投资——世界最好的企业如何通过领导培养获取战略优势》。富尔默与戈德史密斯调查了许多优秀的企业，提出了在领导培养上这些公司都认为很重要的问题。关于领导培养问题：

最好的领导培养方法既注重内在，同时又对外在保持清晰认识。

新的商业要求决定了变革的需要，在每一个方法最优的组织之中，的确并没有为促成这些变革而创造一个框架。

再看看关于领导能力的观点:

大多数运作优秀的组织都有确定领导能力的方法,或至少致力于定义成功领导者的特征和品质。

对于这些观点,让人感兴趣的不仅是它们本身的含糊不清,同时还有"运作最好的组织"所代表的企业界中赫赫有名的角色:惠普电脑、通用电气、强生以及皇家荷兰/壳牌公司等等。这些都是拥有显赫声誉的大公司,大家也都期望他们能够拥有强健的领导培养系统。不过更加让人吃惊的是,就算是这些"最强中的最强",在某些基本的领导培养观念上也同样含混不清;不仅如此,这些概念还被含糊地与我们提到的其他商业方法割裂开来。看看作者的主要结论,只能简单地说明下面几点:

- 把对执行官的教育和其他训练加以区别;
- 认识到整个教育过程(对执行官)和教育内容同样重要;
- 训练程序的重点集中在培养一种分享公司计划和机会的观点;
- 让顶尖的管理者来担任教师的角色;
- 要求参与者在工作职责上做出实际行动;
- 强化训练程序的效果,保证公司的日常运转。

现在再来对顶级企业进行调查,看它们处于什么水平,那就有意义得多了,这样作者也能够拿出一些有价值的结论。不过我们还要考虑的一点是,这个方法似乎很奇怪地与能够选取和培养下一代领导人的现实衡量手段断绝了联系。你如何将"执行官教育"与公司的战略发展计划很好地联系在一起?或是将它与商业发展联系在一起?对组织发展呢?在陆军,或许在几个顶级的公司中也一样,它们已经养成了培养领导人的一种好习惯,在那里领导人培养只是一个优秀系统的副产品。

单凭那一点，便足以找到我们在商业界真正期待的东西。在商业界我们不断寻找的是竞争优势。因为那总能归结为领导能力的问题：你们要么有好的领导层，要么就没有；好的领导层要么深入你的整个公司，要么就一点没有。如果商业界还有一些经验教训要学的话，衷心希望这本书，还有我们提起的那些例子，能够对仍然在寻找更好管理方法的 21 世纪管理者们有所裨益。希望你没有把自己提拔干部的职责交给猎头公司。

尾声：商战有限公司的个案

在结束这一章之前，我实在是忍不住，想同过去在陆军中常干的一样，看看学生们是不是都明白了，最好是通过一个实际的练习来确保他们抓住了重点。所以……

恭喜！你刚刚被选入商战公司的董事会！商战公司（BIZWAR. INC）是一个规模较小（但是很神秘）的私人控股股份有限公司，它成立于 5 年前，名字来源于一本大获成功的畅销书。公司总资产接近一亿美元，在能源领域异常活跃，目前业已拥有不断增加的庞大经营项目列表，包括产品（能源输送设备，包括天然气输送管道等）、服务项目（信息和研究两方面）以及原材料销售（多数为天然气）等。由于是一个私营企业，所以不用受到萨班斯·奥克斯利法案的约束，你应当十分清楚现在任何一家公司的需要，即希望吸引投资者更多的资金，在资本运作上达到前所未有的透明度。很自然地，作为一个董事会新成员，你对责任保险也了解得很清楚，然而你强烈希望能够向商战公司的领导团队提一些强有力、一针见血的问题。当然，他们都是很正派的人，不过，如何保证其他人也能够帮助你做出独立的判断（在现代企业管理环境中，这是必须的），以及完成你的职责？

很幸运，你遇到了一本书，这本书提供了一些基本的方法，也许对这里提出的一些困难问题有所帮助。这本书现在就在你的身旁，旁边放的是你的黄色便笺，你得在第一次董事会之前作一下笔记。

愿景规划

很显然，编写你的商业课本的作者们认为，在一个人的整个职业生涯中，大多数时候看到的经历绝不只是一个愿景声明而已。好，我们严肃地来讨论一下这个问题。对于能源市场今后三年到五年的发展情况，公司愿景规划的意见是什么？特别地，公共政策和法规环境会对公司造成什么样的影响？这些政策比起过去的政策来，是不是更加容易发生变化？它们对整个行业有什么影响？在国家能源基础建设方面，有一些政府项目正在筹备之中，能不能利用财政支持来降低成本？考虑到这些变化，商战公司应该如何定位，以充分利用能源市场上的官方因素和非官方因素？

任务

经过与能源界许多同行的协商之后，你清楚地意识到任务的变化频度应该比战略的变化频度要小。对于官方和非官方能源政策之间的模糊界限对商战公司核心竞争力的发展有什么影响，你特别感兴趣。如何才能让一个市场部门向另一个市场部门转变的过程变得平稳一些？为了加速这样的转变过程，我们应该采取什么样的招聘程序和培训程序？

战略

商战公司领导团队的战略是什么？这些战略是如何得来的？我们在这个领域所做的市场调查有多可靠？它们能够反映我们对能源市场发展方式的预测吗？我们有没有某些战略计划受到敏锐的"红帽（或蓝帽）分析家"的影响，因而考虑到潜在竞争者的因素？如果是，结果是什么？我们有没有相应地调整计划？

商业计划

抱歉，当你已经能够轻车熟路地提出敏锐的问题，现在正要对公司的商业计划发出一些质疑时……董事会开始了。不过看起来你确实是经过了充分的准备，因此讨论应该不会那么早结束。

虽然我在整个能源界有很多朋友，我也很乐意说出他们所在大部分企业的名字，不过事实是我在这个领域远远称不上专家。但是请注意方法论在这里可以做些什么：通过强调基本商业过程的基本目的——当然也要知道如何将它们联系在一起——就有可能提出一些关于公司领导活动的非常正确的问题。自然，那不会是决定性的。不过那是一个好的出发点，将其与更多的特殊背景以及个别企业信息结合起来，就能够对于别人的疏忽提出合理的疑问。对于从何处入手，怎么开启 CEO 的洞察力，这也是一个很好的角度。

结　语
——行动后回顾（AAR）

国家训练中心，473 号山

呃，在想什么呢？打算不管行动后回顾了，直接丢开这本书吗？别这样想——这与你的身份并不相称，可不是吗？而且是在这样的好地方，可以全神贯注地思考我们的主题，那就更不应该了。现在这个时候，很容易理解人们为什么要到帕姆斯普林（仅距此地西南方向 50 英里）那样的地方去游玩，那当然是因为沙漠和那里美丽的山峦啦，尤其是现在的黄昏时分，大山投下的影子越来越长，温度也不再高得那么让人痛苦了。事实上，这里的夜晚还有点凉呢！但是干旱却永远不会改变——所以在我们谈话的时候就再喝点水吧。你的交通工具马上就来了，是敌方部队的"黑鹰直升机"，它会带你飞回现代的巴斯托——以别具一格的方式。他们通常开着侧门飞行，因为那样更有意思。只要确保你系好安全带就成了。你不会从高空掉下来的，当然了，就像他们在飞行学校所说的那样，降落不会要你的命，突然的静止才是致命的。

让我们回头去看看行动后回顾都该做些什么，尽管这对你来说可能是老生常谈了。我们通常关注三件事情：发生了什么事，为什么发生这些事情，接下来应该如何改进。在这里具体要做的是：回头想想我告诉过你的，关于商业活动与战争之间关系的传统观点是什么。这些观点是：两者是全然不同的活动，相互之间可以借鉴的东西很少甚至根本没有。现在发生改变的情况是（我们说话的时候也还在进行着改变）企业运作环境的特征。它正变得越来越像战士们习惯面对的环境：混乱但不是不可预测，具有信息密集的特性，任何疏忽或是能力不全面都会造成严重的后果。企业不仅需要为基本的商业成功而竞争，也要为基本的生存而竞争。在这个背景下，我们开始尝试将一些传统的军事工具运用到商业领域，当然也包括一些更现代的工具。

我们之所以选择军事工具（与传统的商业解决方案区别开来），不仅因为军事部门首先经历了 21 世纪的竞争规则（它在"9·11"事件之后的新国际环境中取得了可观的胜利），还因为它能重新提供一个优势明显的实用领导系统。有很多商业文献和教育方法都是以问答和讲述奇闻逸事的方式进行的；实际上，只有在小学教育这个领域，才可能倾向于抛开价值取向，向学生灌输流行的观点以及从教育者脑中蹦出的"最新理论"。而且只有富有煽动性的演说家和自我修养很深的宗教领袖才可能明确认识自己的动机，例如，卖更多的书，发表更多煽动性的演讲或者课程。

我们也花了许多篇幅去讨论建立在一定价值体系基础上的领导能力。那些我们花钱聘请来为企业出谋划策或是答疑解惑的人们，大都支持米尔顿·弗里德曼的观点：在这个世界上，信仰在企业中的地位就像信仰在一幢建筑物中一样没有什么地位；也有的人虽然大体上同意他的观点，但认为企业还负有"社会责任"，以此作为价值体系的代替物，避免在正确与谬误之间做出艰难的抉择。但如果你在考虑这个问题时听信了他们的话，这就存在一个矛盾，持有上述观点的人们以及动辄使用法律来应对不确定情况的人们，最终会偶然地发现一个简单的事实：世界上所有的立法都不能代替伦理和道德的力量。当你处在一个复杂、混乱甚至危险的关头，你希望跟随一个什么样的领导者呢？一位有着清晰的价值体系和在危难时期坚持履行其信仰的领导者，还是因为曾创造过很好的业绩而被猎头公司选中的人呢？

我们也讨论了战略，而且得出结论，读者不应该效仿商学院的学者们所习惯的做法，将战略和市场营销混为一谈。因为，它不是市场营销，战略讨论的是有关成功和如何取得成功的途径。有的人认为战略一点也不重要，对公司领导层来说战略的作用仅仅只是一种象征，你不应该被这种思想所欺骗；对那些认为只要阅读几本商业战略书籍，提出一个或者几个"宏伟、艰难而大胆的远景目标"就算完成任务的人，你也无须给以帮助和安慰。不，战略是一件非常关键的事情，源自公司与众不同的战略眼光和使命声明，用以情报为基础的缜密研究来丰富其内容，用竞争分析使其变得更具科学性，由商业计划来执行和完成。简而言之，要么它就是领导层让一个公司顺利运作的核心功能，要么它什么都不是。

　　总结本书关于组织方法的讨论结果的最好方式，是记住富勒将军所提出的大刀阔斧精简官僚机构的建议。合并和收购是精简机构的最佳时机，但这些措施一般都比较出乎常理，我所在地区的一家银行被另一家更大、更知名的银行合并时就有意外的事情发生。他们花费很多精力重新粉刷、装修公司房屋，并安装了新的标志，甚至重新设计和发行了更多变相存款规则。只有一件事让人意外：当所有的工作都做好后，人们拨通更加便利的免费电话时，首先接通的是第三世界国家某处的通讯中心："感谢来电！要对候选 CEO 投票，请按 1；需要其他服务，请按 2。"要逃脱语音系统的困扰，你必须知道或者能够猜出合并后新银行的组织结构，语音系统的结构是完全依照组织结构建立的，猜错了你就会被扔到第三世界。我们得到的教训是：在急于建立自动化通讯中心、通过更详细的分工来削减成本时，却忽视了无缝服务的真正含义。而且，很明显，必须接受这样的观点：惟一有能力整合机构的个人并不是 CEO，而是愿意与企业做买卖却不受重视的消费者。如果不能立即用富勒的"斧子"砍掉整个公司的冗余部分，那么任何一个这样的消费者，都有可能听到莫名其妙的接待电话，那是 CFO 为了兑现虚假的"客户服务"承诺，随意选择接线员和呼叫中心所造成的结果。

　　好吧，很遗憾在写到这里的时候我得承认，有些时候我难以压抑自己的冲动，想在身边随便抓一个企业执行官来狠揍一顿，为什么？这一点非常重要，因为他们应该理解自己的行为造成的后果，这些后果常常被人们所忽视，但它们的危害却非常严重。为什么执行官这样来组织企业结构？似乎他是在固执地选择最容易激怒顾客的行动方针，让客户无论如何都不会做回头客，都不会再购买公司的产品也不会继续履行你们的合同。在历史学家芭芭拉·塔奇曼以第一次世界大战为主题的获奖图书《八月炮声》中，她描写了在战争前夕欧洲那些故步自封的政治和军事精英的"无知"，这也使他们不可避免地坠入战争深渊。现在，"无知"已经不仅仅局限于将军、司令和主要部长之间，它还在企业领导者中泛滥。他们中大多数人还没有领悟到戴明和其他人想要教给他们的东西：让你们的客户首先发现企业的错误和缺点是最为糟糕的一种愚蠢行为。不！那是你的工作，所以不要再在这个问题上纠缠了。

另一个同样被忽略的工具是商业情报技术。记住这一点：如果你没有情报而且也不打算去搜集，那你确实就像个没有飞行计划也没带无线电电台就想起飞的飞行员。联邦航空局是不允许发生这种情况的，当然你自己和公司董事会也不愿意看到这种事情发生。简而言之，你可以自己组织一支模拟敌方的部队和情报部门，以详细了解竞争对手信息并丰富自己的战略计划。为何不这样做呢？再次重复美国演员雷德·福克斯的话："生活是艰难的，但是，如果你很愚蠢，那么生活将会更加艰难。"我们生活在信息时代，如果你信息匮乏，那就是你自己的错，因为那是你自己心甘情愿的选择。

关于安全，基本上就是两个观念：第一，安全就是生活，并不是山高水远的事；第二，首席执行官应该为这个问题负责。你可以授权别人去完成这项工作，而且你也很可能已经那样做了，但这份责任最终还是你一个人的。在我们经历了本土安全的噩梦之后，这个问题变得更加突出。请时刻记住你面对着两种挑战，任何一个都可能是摆在眼前的事实——甚至可能两个都存在：你不仅要面对恐怖分子、黑客、非法侵入者和病毒制造者制造的实际威胁，要防范传统罪犯利用新技术造成的损失，同时，你还要勇敢面对审计员带来的威胁，他们深知 21 世纪的企业安全威胁，也了解执行官为保持企业虚拟安全的责任——那正是未来最有可能发生企业丑闻的地方。执行官应该提前对员工进行训练，我绝没有夸大这种训练的重要性，只有那样，员工们才能在工作受到威胁甚至是生命受到威胁时正确进行处理。在本书即将付梓之前，人们又出版了一本以"9·11"事件来说明如何处理紧急事务的手册，让人们再次想起了那次灾难。书中有令人心碎的故事，悲剧的主人公们要么寻找逃生指示，要么按照要求"待在楼梯间门口等待警察救援"。在一个这样的例子中，纽约港务局某官员带领一个约 20 人的旅行团参观世界贸易中心，他们就采纳了这种建议，后来一切都太迟了，等有人叫他们撤离这栋大厦，他们想从楼梯间往下跑时，甚至听到了上面楼层断裂的声音。纽约港务局的一个发言人对此进行澄清，他说撤退的命令几乎立刻就下达了，而他们接到相反的指示完全是因为"情况混乱以及对当时情况的不确定"。事实上那个概念我们称为"冲突"（friction），那是战争的一个内在特征，第一次发生的时候我们还有权利感到惊讶，不过以后就再也没有机会了。

企业安全、商业情报、组织学方法以及战略思想是四个主要领域，在这些领域中，领导的能力将接受夹自商业环境的新情况和复杂性的考验。先不说同步和调整的问题，在这个过程中还有很多东西需要管理，这就是我们引入陆军训练系统观念的原因。我们可以展示基本任务条目和行动后回顾如何提出好的方法，这种方法在战争中业已得到证明，随时准备运用到商业活动之中。最后，我们将那个体系转化成旨在夺取市场份额和加强科学性、富有侵略性的有效的计划制定过程。我们现在所做的其实正是一个迷你版的行动后回顾过程，所以我希望你能够认真地做些笔记。

当然，我们还有一些东西没有讨论——那就是现在所做的一切将如何影响企业的未来。坦白地说，这完全取决于你自己，而不是我。当迪克·切尼①还是一个国会议员，甚至在即将当选国防部长之时，常常提起一个故事，这个故事可以说是这个问题的一个总结。事实上，那还是发生在美军进入伊拉克之前的事情，后来切尼对任何批评的回应，都是将巴里·麦卡弗里将军、韦斯·克拉克将军和我描述为"在电视上深入人心的军队退休将领"。（对于几个向我采访的记者，我指出：巴里和韦斯都获得了四枚银质勋章，而切尼一枚都没有——我也一样，所以我认为他们有权利批评切尼或任何讨厌的人。）

---

① Dick Cheney，2001 年起出任美国副总统。——译者注

不战则亡

首席执行官的战争备忘录

　　无论如何，当切尼仍然还有谦卑的态度时，他常常提到自己为了竞选怀俄明州惟一的国会议员席位而参加第二次选举的事情。切尼驾着车在一个风景秀美的小村庄旁偏僻的高速公路上行驶，他看到一个农夫在田中耕作，于是把车停在路边，准备做一个即兴的选举宣传。当农夫走到栅栏的这一边时，切尼开始介绍他自己："你好，我是迪克·切尼，我到这里来是为了寻求您的投票，因为我正在竞选国会议员。""好啊，"这个农夫回答道，"我的选票给你啦，因为现在的议员不怎么好。"

　　很显然，这位农夫对切尼的领导能力是有看法的，但切尼本身的能力又是另外一回事，很难了解这种"灵光一现"究竟是如何产生的。当我们认为自己拥有很多的时间时，常常已经犯下了错误。戈德华特·尼科尔斯法案的例子正是这种情况。没有人能够想到他们仅仅对国家的战争机器进行了4年的调整就要接受战争的考验。还有国防部长唐纳德·拉姆斯菲尔德，他就国防改革问题进行发言的时候是多么的信心满满，不过没几天"9·11"劫机者就开着飞机飞入了他的大楼。还有肯尼斯·阿拉德上校，他知道客观规律，可是总认为自己能够永远让体重和血压保持控制——噢，那是另一个故事了。现在我们可以说，时间是不会向任何人做出保证的。所以，利用时间的时候请把它当做你的最后机会，那本身就是有可能的。

　　地平线上的黑点就是你的黑鹰了，将在两分钟内到达，好，他们似乎已经将侧门打开了。你能与我一起经历训练的全过程，我感到很高兴——衷心希望你能够从中学到一些东西。同时，我也很高兴能够向你介绍一些伟大的人：戴维斯教官、帕克中校（不久后成为了少将）还有马克思·瑟曼将军。无论如何我对他们都很感激——对你也是一样，尽管你并不了解这一点。

　　无论如何，希望我们能够再见面，不管是在电视上、广播中还是我参加的任何一个商业演讲中。到时候请务必现身一见，并介绍你自己，因为我们在一起学习讨论了很久，握握手总是一种乐趣。不过最后，离开之前我还要给你一个忠告：《圣经》上说，"凡多获得者，须多多付出"。作为一个商业领导者，必须认真对待这句话，因为对那些惟你马首是瞻的员工们，你背负着巨大的责任。别让他们陷入困境，好吗？我们会继续关心我们的军队，而你也应该照顾你的员工，否则我会踢你的屁股的，明白了吗？再见，保重！

作战计划

任务目标

企业运作环境的特征正变得越来越像战士们习惯面对的情形：混乱但并非不可预测，具有信息密集的特点，任何疏忽或是能力的不全面都会造成严重的后果。

- 商学院的学者们总是将战略和市场营销混为一谈，其实真正的战略讨论胜利和如何才能胜利的问题。战略是一件非常关键的事情，它源自公司与众不同的战略眼光和使命声明，用以情报为基础的缜密分析来丰富其内容，用竞争力分析使其变得更具科学性，最后由商业计划来执行和完成。
- 不要把你的企业组织成这样：好像你们的方针是以最能激怒顾客的行动方式，使他或她无论如何都不会对你们感兴趣、都不会买你的东西、都不愿继续履行你们的合同。让客户首先发现企业的错误和缺点是最为糟糕的一种愚蠢行为。
- 如果你没有情报而且也不打算去搜集，那你确确实实就像是一个没有飞行计划也没带无线电电台就打算起飞的飞行员。联邦航空局是不允许发生这种情况的，当然你和你的公司董事会也不希望发生这种事情。
- 安全就是生活，并不是山高水远的事；而基本上首席执行官应该为这个问题负责。你不仅要面对恐怖分子、黑客、非法侵入者和病毒制造者制造的实际威胁，还要防范传统罪犯利用新技术干老

211

活而造成的损失。否则，你就必须面对审计员带来的威胁了，它们深知 21 世纪的企业安全威胁，也了解你为保持企业虚拟安全所肩负的责任——那正是未来企业等着发生丑闻的地方。

- 企业安全、商业情报、组织学方法以及战略是四个主要领域，在这些领域中，领导能力将接受来自商业环境的新情况和复杂程度的考验。先不说同步和调整的问题，在这个过程中还有很多东西需要管理。这就是我们引入陆军训练系统的观念的原因。